CAROLINE
VONGRIES

Klug & Mutig

Starke Frauen der Weltgeschichte

BuchVerlag
für die Frau

CAROLINE
VONGRIES

Klug & Mutig

*Starke Frauen
der
Weltgeschichte*

BuchVerlag
für die Frau

ISBN 978-3-89798-558-2

© BuchVerlag für die Frau GmbH, Leipzig 2019
Covergestaltung und Layout: Nicole Schwarz
Bildlegenden und -nachweis: S. 96
Druck und Bindung: COULEURS Print & More GmbH
Printed in Slovenia

www.buchverlag-fuer-die-frau.de

INHALTSVERZEICHNIS

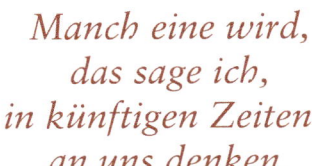

*Manch eine wird,
das sage ich,
in künftigen Zeiten
an uns denken.*

Sappho, griechische Dichterin
≈ 613 bis 570 v. Chr.

Frauen, die im Laufe der Geschichte ihr Schicksal und vor allem die Geschicke ihres Landes selbst in die Hand genommen haben, gibt es mehr als zunächst gedacht – zu allen Zeiten und in allen Kulturkreisen; trotz meist nicht gerade frauenfreundlicher gesellschaftlicher oder persönlicher Umstände. Die Geschichten der Frauen, die sich selbst ermächtigt und in ihrer Zeit für sich selbst und ihr Land Verantwortung übernommen haben, machen heute noch Mut: Ihre Tatkraft, ihr Erfindungsreichtum, ihr Durchhaltevermögen beeindrucken. Je weiter wir uns am Faden der Geschichte in die Vergangenheit zurückspulen, desto deutlicher wird, dass wir die starken Frauen vergangener Zeiten nicht nach unseren heutigen Kategorien begreifen können. In den Weltbildern früherer Zeiten und Kulturen basiert die gesellschaftliche Ordnung auf spirituellen Voraussetzungen. Deshalb machen Königstöchter als Hohepriesterinnen Politik, agieren Herrscherinnen im Namen von Gottheiten oder geben als Heilige ihrem Land Zuversicht und tragen zur Identitätsbildung bei.

Ältestes überliefertes Beispiel einer Frau, die ihrem Herrschaftsanspruch schriftlich Ausdruck verleiht und sich selbst autorisiert, ist En-Hedu-Anna, eine Königstochter im Zweistromland, die 2300 Jahre vor unserer Zeit in den Städten Ur und Uruk die Grundlagen für das Königreich von Akkad legte. Ihre Texte, darunter 40 Tempelhymnen, sind die ältesten, die uns überhaupt von einer Frau überliefert sind, dabei ist En-Hedu-Anna mehr als eine Schriftstellerin nach unserem heutigen Verständnis. Nicht alle Frauen der Geschichte können daher in diesem Band Erwähnung finden. Der Schwerpunkt liegt auf Frauen, die als Herrscherinnen und Kämpferinnen im europäischen Kulturkreis und im Nahen Osten Spuren hinterlassen haben. Ein ergänzender Blick geht nach Übersee.

Die vorgestellten Biografien zeigen, wie vielfältig und eigenwillig Frauen die Fäden der Macht aufgenommen, gewirkt und gestaltet haben. Klug und mutig. Auffällig dabei ist: In Umbruch-, Anfangs- und auch Krisenzeiten, in denen festgefügte Strukturen aufbrechen, Freiräume entstehen, nutzen Frauen beherzt ihre Handlungsspielräume. Beispiele dafür sind der Beginn des Neuen Reichs im alten Ägypten, die Reformationszeit, die Zeit der Französischen Revolution oder des frühen Ostfrankenreichs. Wird Macht hingegen konsolidiert und institutionalisiert, haben Frauen erst einmal das Nachsehen. Bis sie sich ihre Rechte neu erkämpfen. Die Beiträge von Frauen nicht nur zu benennen, sondern auch inhaltlich im Gesamtzusammenhang und in ihrer Bedeutung zu würdigen, bleibt ein Feld, in dem noch viel getan werden kann.

Durch alle Zeitenläufe hindurch führt uns die Frage: Gibt es spezifische weibliche Machtkonzepte, ein weibliches Machtverhalten oder weibliches Mächtigsein?

In diesem Sinne wünschen wir Ihnen viel Anregung, Inspiration, Freude beim Lesen.

Statue von Jeanne d'Arc, New Orleans

Die Unmögliche: Hatschepsut

*(≈ 1500 vor Christus bis ca. 1458
vor Christus • Ägypten)*

*Mein Geist sinnt über die Zukunft.
Das Herz Pharaos muss an
die Ewigkeit denken.*

Dieser Satz stammt von einer Frau, die 3500 Jahre vor uns gelebt hat. Ihr vollständiger Name: Hat-Schepsut-Chenemet-Amun – die erste der Frauen, die Amun umarmt. Amun wird in der Zeit der 18. Dynastie, zu der Hatschepsut gerechnet wird, zu einem der wichtigsten ägyptischen Götter. Hatschepsut lebt in einer Umbruchzeit. Sie schafft es, ihr Land nach überstandenen Krisenzeiten wieder aufzubauen und den Menschen ein neues Identitäts- und Selbstbewusstsein zu geben. Dafür überschreitet sie die Grenzen, die ihr in ihrer Kultur als Frau gesetzt sind. Denn auch wenn Frauen im Alten Ägypten einen hohen gesellschaftlichen Stellenwert haben und machtvolle Positionen einnehmen können – Pharao werden und allein regieren kann eine Frau bis dahin nicht. Der Pharao, der Sohn der Sonne, die bei den Ägyptern selbst als Gottheit verehrt wird, vermittelt zwischen Göttern und Menschen, verkörpert *a persona* die höhere spirituelle Ordnung: *Maat.* Vor (und nach) Hatschepsut regieren Frauen als Große Königsgemahlin an der Seite ihres Mannes oder für den minderjährigen Sohn.

Es ist also ein in seiner Bedeutung kaum zu überschätzender Schritt, als sich Hatschepsut mit der Doppelkrone Ober- und Unterägyptens krönen und mit den (männlichen) Insignien der Macht ausstatten lässt: mit Nemes-Kopftuch, Uräusschlange und dem geflochtenen Zeremonialbart. Hatschepsut wird Pharao Maat-Ka-Re. Sie wird in den Darstellungen mehr und mehr zum Mann, verwandelt also ihr kulturelles Geschlecht. Ein faszinierender Vorgang. Noch entscheidender aber ist: Hatschepsut ist als Pharao Maat-Ka-Re eine geniale Herrscherin, die 22 Jahre – weitgehend friedlich – regiert und Grundlagen für eine ganze Epoche schafft, das Neue Reich. Sie führt ihr gebeuteltes Land zu einer neuen Blüte. Wie beginnt dieses Leben?

Die Königstochter wird um 1500/1495 vermutlich in Theben, dem aufstrebenden Kultur- und Machtzentrum Ägyptens, geboren. Hatschepsut ist die älteste Tochter einer jungen Pharaonendynastie in unruhigen Zeiten: Ihr Urgroßvater, Großvater und zuletzt ihr Vater Thutmosis I. haben das Land der Ägypter nach 108 Jahren erst wieder von der Fremdherrschaft der Besatzer aus Syrien und Palästina, den Hyksos, befreit. Vor allem ihr Vater Thutmosis I. hat sich dabei als erfolgreicher Feldherr erwiesen und darf deshalb in die Pharaonenfamilie einheiraten. Die königlich-göttliche Legitimation erfolgt weiblich über Hatschepsuts Mutter, die Pharaonentochter Ahmose. Dies könnte eine Erklärung für Hatschepsuts Selbstverständnis sein.

Sie sieht sich und ihre Dynastie an der Spitze einer neuen Entwicklung. Zwar ist ihr Land wieder frei, doch das kollektive Trauma, dass fremde Völker Ägypten überhaupt die heilige Ordnung, *Maat*, stören und Ägypten ihre Herrschaft aufzwingen können, ist noch nicht bewältigt. Da braucht es Zuversicht, Visionen und einen Pharao an der Spitze, der das Zusammenspiel mit den Göttern glaubhaft garantiert.

Als Hatschepsuts Brüder und später auch die Schwester sterben, bleibt sie als einzige aus ihrer Familie übrig, die die mütterlich weitergegebene Königslinie garantieren kann. Fortan begleitet sie ihren Vater auf rituellen Reisen auf dem Nil bis nach Unterägypten und lernt das Land kennen. Nach dem Tod des Vaters heiratet sie ihren jüngeren Halbbruder, der als Thutmosis II. Pharao wird. Das Paar hat eine Tochter. Als Thutmosis II. früh stirbt, übernimmt Hatschepsut zunächst die Regierung für den gleichnamigen erst siebenjährigen Stiefsohn Thutmosis III. Der Tradition entsprechend tritt Hatschepsut in den nächsten beiden Jahren an zweiter Stelle der Herrschaft in Erscheinung. Die Fäden der Macht jedoch hält sie bereits fest in der Hand. Unterstützt wird sie von der regierungserfahrenen Mutter Ahmose. Der Bericht eines thebanischen Baumeisters gibt einen Eindruck dieser Jahre: „Die Gottesgemahlin Hatschepsut sorgte für das Land. Sie war die Herrin des Befehlens, die die beiden Länder beruhigte, wenn sie redete."

Hatschepsut findet im Regieren ihre Bestimmung. Sie ist gut vorbereitet, hat eine glückliche Hand, stellt nach der erschöpfenden Besatzungs- und Rückeroberungszeit Weichen für wirtschaftlichen Aufschwung und schafft neue kulturelle Grundlagen. Noch bevor an eine Regierungsübergabe an Thutmosis III. überhaupt zu denken ist, schafft sie Tatsachen und wird selbst Pharao. Diesen bis dahin undenkbaren Schritt kann Hatschepsut nur im Einverständnis mit der Elite des Landes, Hohepriestern und höchsten Beamten, realisiert haben. Es ist sogar davon auszugehen, dass sie von ihrem Umfeld ermutigt wird – zum Wohl und Segen des Landes. Am 8. Februar 1477 vor Christus, dem 29. Peret, lässt sie sich in einer heiligen

Zeremonie von den Göttern, die von den Hohepriestern verkörpert werden, zum Pharao erwählen. Dem anwesenden Volk erklärt die Gestalt Amun-Res: „Das ist meine Tochter, ich setzte sie ein als meine Stellvertreterin." Hatschepsut erhält den Auftrag, ihr Land in die Zukunft zu führen: „Ich setze dich auf meinen Thron, ..., dich, die ich erschaffen wollte, damit du die Heiligtümer der Götter wiederherstellst, damit du dieses Land schützt durch seine gute Verwaltung, du wirst den Zustand inneren Aufruhrs beenden."

Zu lesen sind diese Worte bis heute in der Roten Kapelle im heiligen Tempelbezirk von Karnak. Die Rituale, die Hatschepsut, jetzt Maat-Ka-Re, einführt, die Narrative, die sie erfindet, werden von ihren Nachfolgern weiter verwendet. Sie selbst knüpft auch an altägyptische Traditionen an und betont ihre göttliche Abstammung. Der Gott Amun selbst soll sich in Gestalt ihres Vaters der Mutter Ahmose genähert haben.

◆

15

Tatsächlich festigt der neue Pharao Maat-Ka-Re/Hatschepsut das Land, erschließt neue Märkte und Kulturtechniken. Der Handel in Ober- und Unterägypten floriert. Maat-Ka-Re unternimmt Forschungsreisen, lässt Saatgut und Pflanzen importieren. Berühmt geworden ist die Expedition nach Punt, die älteste dokumentierte Wirtschaftsreise der Welt, durch die Weihrauch, Ebenholz, Myrrhe und andere wertvolle Gaben nach Ägypten importiert werden – Elfenbein, Gold, Augenschminke, Silber, Speisesalz, Pantherfelle sowie Straußenfedern

Die berühmte Tempelanlage Deir el-Bahari bei Luxor, Ägypten,
ist ein gigantisches, einzigartiges Kulturdenkmal.

und -eier, zudem Affen und Hunde. Wo dieses legendäre Punt liegt, weiß man nicht so genau. Am Horn von Afrika, also Äthiopien, Eritrea, Somalia oder auf der anderen Seite des Roten Meeres im Jemen? Vielleicht sogar Richtung Indien?

Zugleich gestaltet Hatschepsut das Land im Inneren, sorgt für prächtige, innovative Bauten im Tempelbezirk von Karnak genauso wie im Deir el-Bahari am Westufer des Nils in Theben, sie modifiziert die Verwaltung. Aus ihren Urkunden, Inschriften, Denkmalen spricht ein besonderer Geist. Es gibt erste Niederschriften des Totenbuches auf Papyrus, ein neues Keramikrepertoire entsteht. Sie prägt eine Kultur. Ihr Partner und wichtigster Mann bei diesen Projekten ist der Baumeister, oberste Beamte und Obervermögensverwalter des Amun: Senenmunt. Er führt 88 weitere Titel. Ein ungewöhnlicher Vertrauensbeweis ist es, dass Hatschepsut ihm die Erziehung ihrer Tochter anvertraut. Haben Hatschepsut und Senenmunt eine Liebesbeziehung? Dafür spricht seine Statue in Hatschepsuts berühmtem Totentempel im Deir el-Bahari. Dieser Tempel gilt als „eine der bedeutendsten und eigenwilligsten Schöpfungen der ägyptischen Tempelarchitektur". 15 Jahre wird am „Djeser djeseru – Heiligster der Heiligsten" gebaut. Eine Prozessionsstraße gesäumt von mächtigen Sphingen führt über mehrere Kilometer und über den Nil direkt zum Tempel des Amun-Re in Karnak.

Im 16. Regierungsjahr Hatschepsuts verschwindet Senenmut aus den offiziellen Nachrichten. Seine Mumie ist verschollen, seine Grabanlage allerdings ist königlich zu nennen. Auch das Verbleiben der sterblichen Überreste Hatschepsuts selbst ist bis heute nicht geklärt. Gestorben ist sie am 10. Tag des sechsten Monats im 22. Jahr ihrer Regierungszeit. Man sagt, sie habe von der Möglichkeit einer weiblichen Nachfolge für ihre Töchter geträumt. Vielleicht erklärt das, warum ihr Stiefsohn Pharao Thutmosis III., der sie beerbt und selbstständig noch knapp 30 Jahre regiert, in den späten Jahren seiner Herrschaft den Namen Maat-Ka-Res aus den Steinen herausmeißeln lässt. Indem er ihre Obelisken im Tempelbezirk von Karnak ummanteln lässt, trägt er allerdings unfreiwillig zu deren Erhalt über die Jahrtausende bei. Mit Thutmosis III. expandiert Ägypten wie nie zuvor. Mit Pharao Maat-Ka-Re/Hatschepsut ist Ägypten wieder ein blühendes, selbstbewusstes Land geworden, das seiner Zukunft voll Zuversicht entgegengeht.

Pharaonin mit großen Träumen: Kleopatra VII. Philopator

(69 bis 12. August 30 vor Christus • Ägypten)

In der Unterhaltung übte sie eine unwiderstehliche Anziehungskraft aus. Der Zauber ihrer Rede, die geistige Anmut ihres ganzen Wesens verliehen ihren Reizen einen Stachel, der sich tief in die Seele eindrückte.

Dies schreibt der griechische Geschichtsschreiber Plutarch über die vielleicht bekannteste Herrscherinnenfigur des Nahen Ostens, die zugleich vollkommen mit Klischees überfrachtet ist. Kleopatra VII., die legendäre Königin – Traumfrau der Antike, *femme fatale* oder reine Machtfrau? Wahr ist, dass sie noch einmal den Glanz und die Macht der alten Kultur am Nil entfacht, bevor diese untergeht. Sie hat einen großen Traum von einer Verbindung zwischen Orient und Okzident – und verliert dramatisch. Dass sie ihre politischen Ziele an die Liebe zu den beiden mächtigsten Männern ihrer Zeit knüpft, gibt bis heute Anlass zu vielerlei Vorurteilen.

Kleopatra stammt aus der Dynastie der Ptolemäer, der griechisch-mazedonischen Oberschicht, die nach der Eroberung Ägyptens durch Alexander den Großen in der neuen Haupt-

stadt Alexandria regiert. Alexandria ist ein Bildungszentrum sondergleichen: Hier bringt nicht nur der Leuchtturm von Pharos, das siebte Weltwunder, Licht in die Dunkelheit. Hier sammelt die bedeutendste Bibliothek der Antike das Wissen der Welt, konzentrieren sich die wesentlichen Entwicklungen, treffen die klügsten Köpfe der Zeit aus Medizin, Philosophie, Kunst, Naturwissenschaft aufeinander. Hier erhält Kleopatra eine griechisch geprägte Bildung. Sie soll zehn Sprachen gesprochen haben, darunter Ägyptisch und Hebräisch. „Ihre Zunge glich einer vielsaitigen Leier", schreibt dazu Plutarch. Möglicherweise stammt ihre Mutter aus einer altägyptischen Hohepriesterfamilie aus Memphis. Kleopatra wächst in einer Zeitenwende auf. Sie erlebt, wie Ihr Vater, Ptolemäus XII., aus seinem Land vertrieben wird, weil er der alexandrinischen Oberschicht zu romfreundlich gesonnen ist. 58 vor Christus begleitet die elfjährige Kleopatra den Vater möglicherweise nach Rom. Bei der von dort unterstützten militärischen Rückeroberung spielt bereits ein junger 27-jähriger Reiterführer eine entscheidende Rolle: Marcus Antonius. Er wird später einmal die große Liebe Kleopatras.

Bei der Rückkehr nach Alexandria lässt Ptolemäus XII. seine älteste abtrünnige Tochter Berenike hinrichten. Stattdessen baut er Kleopatra zu seiner Nachfolgerin auf. Mit 17 wird sie Mitregentin. Als Ptolemäus XIII. am Anfang des Jahres 51 stirbt, hat er testamentarisch vorgesorgt: Kleopatra soll ihren jüngeren Bruder Ptolemäus XIII. heiraten. Als Testamentsvollstrecker ist Rom als Schutzmacht eingesetzt. Im März 51 tritt Kleopatra mit dem jüngeren Bruder die Regierung an. Entgegen der Tradition wird sie in Urkunden allein erwähnt, auf Münzen ist sie ohne Mitregent zu sehen.

Von Anfang an versucht sie eine Synthese zwischen altägyptischer und griechisch-mazedonischer Kultur und öffnet das Land zugleich für die Macht der Zukunft: Rom. Ihre Loyalität den Römern gegenüber macht sie bei der Oberschicht unbeliebt. Auf deren Betreiben wird Kleopatra von ihrem Bruder von der Regierung ausgeschlossen, wie zuvor ihr Vater. Doch dann fühlt sich Gaius Julius Caesar selbst berufen, den Geschwisterstreit zu schlichten und das Testament des Ptolemäus XII. durchzusetzen und trifft in Alexandria ein. Legendär ist Kleopatras List, mittels derer sie sich persönlichen Zugang zu Caesar verschafft. Sie lässt sich in einen Teppich oder Bettsack einwickeln und dem römischen Feldherrn als Geschenk überreichen. Die Kühnheit der jungen Pharaonin beeindruckt Caesar. Fraglos haben beide gemeinsame Interessen und Vorteile durch ein Bündnis. Caesar setzt Kleopatras Beteiligung an der Regierung durch. Nach ihrem Sieg unternehmen Caesar und Kleopatra laut Legende als Liebespaar eine Fahrt auf dem Nil bis nach Oberägypten. Als am 23. Juni 47, einem Feiertag der Göttin Isis, der kleine Caesar genannt Caesarion, geboren wird, ist der große Feldherr schon wieder unterwegs. Es ist der einzige bekannte leibliche Sohn Caesars. Seine Existenz wird in Rom noch für Unruhe sorgen.

Zum Triumphzug Caesars im Jahr 46 vor Christus reist Kleopatra mit Sohn und Brudergemahl nach Rom und bewohnt eine von Caesars Villen: Das ist ein Skandal. Schließlich ist Caesar verheiratet. Die sich selbstbewusst in Szene setzende Pharaonin passt ohnehin nicht ins römische Frauenbild. Kleopatra wird von Caesar verehrt, der im Tempel der Venus genetrix sogar eine goldene Statue aufstellen lässt, die Kleopatras Züge trägt. Kleopatra hat Caesar tatsächlich stark beeinflusst. Die Einführung des Julianischen Kalenders ist durch sie inspiriert. Caesar plant Kanäle wie in Ägypten einzurichten und Bibliotheken nach dem Vorbild von Alexandria. In Rom fürchtet man, dass die beiden eine neue Dynastie begründen wollen. Es gehen sogar Gerüchte um, Caesar wolle die Hauptstadt des römischen Imperiums nach Alexandria verlegen. Kleopatra wird zur Projektionsfläche. Als der mächtigste Mann Roms in den Iden des März im Jahr 44, also in der Monatsmitte, ermordet wird, muss Kleopatra dringend zurück nach Alexandria fliehen.

Das Kapitel Rom ist jedoch noch nicht abgeschlossen. Marcus Antonius, der mit Octavian die Nachfolge Caesars antritt, lädt die ägyptische Pharaonin vor. Bei ihrer Begegnung inszeniert sich Kleopatra auf ihrer vergoldeten Prachtgaleere aufwändig als Isis-Aphrodite und gewinnt abermals den mächtigsten Römer als ihren Geliebten. Gemeinsam verbringen beide den Winter 40/41 in Ägypten. Im Unterschied zu Caesar kommt Marcus Antonius ohne Armee, als Privatmann. Während das Paar verliebt das Leben genießt, brauen sich in Rom neue Konflikte zusammen. Als Kleopatra ihre Zwillinge zur Welt bringt, ist Antonius bereits unterwegs, seine Machtposition zu sichern. Dafür heiratet er sogar die Schwester seines Konkurrenten, Octavia. Dreieinhalb Jahre muss Kleopatra auf das nächste Wiedersehen warten. Erst als ihr Geliebter Verbündete gegen das mächtige Partherreich sucht, trifft er sich 37 vor Christus erneut mit ihr.

Jetzt gibt es einen stürmischen Neuanfang für das Paar. Marcus Antonius erkennt die Zwillinge Alexander Ptolemäus und Kleopatra Selene an und auch ein weiteres Kind, das bald geboren wird. Später lässt er sich sogar von Octavia scheiden. Kleopatra sieht die neue Zeit gekommen, auf die sie so lange hingearbeitet hat. Sie beginnt ihre Regierungsjahre neu zu zählen. Gemeinsam vergrößert das Paar seine Territorien, feiert seine Siege und sich selbst auf riesigen Thronen als König und Königin der Könige, lässt sich gemeinsam auf Münzen abbilden.

Doch Octavian nutzt die gekränkte Ehre seiner in Rom beliebten Schwester Octavia, Antonius' betrogener Ehefrau, geschickt für seine Propaganda. 33 vor Christus wird die letzte Runde im Kampf der beiden Giganten eingeläutet. Kleopatra wird Octavians Hauptangriffspunkt im Kampf gegen Antonius. Erfolgreich bedient er fremdenfeindliche Stereotypen, appelliert an den Patriotismus der Römer. Obwohl man ihr rät, sich erst einmal von Antonius' Seite zurückzuziehen, weicht Kleopatra keinen Zentimeter. Das würde nicht zu ihrem Selbstverständnis passen. Schließlich erklärt Rom Kleopatra den Krieg, den sie und Marcus Antonius schlussendlich verlieren. Entscheidend ist die Seeschlacht bei Actium am 2. September 31. Als Antonius mit seiner Flotte eingeschlossen wird, rettet Kleopatra ihren Geliebten: Mit Schnellseglern nutzt sie eine Lücke in der feindlichen Linie, nimmt Antonius und die Kriegskasse an Bord. Auch weiterhin tut sie das Nötige, sichert die Macht in Ägypten, verhandelt sogar mit Octavian, gibt nicht auf. Doch der verfolgt sie nach Alexandria und siegt am 1. August 30 vor Christus endgültig. Das Ende ist dramatisch. Kleopatra lässt Antonius die Nachricht von ihrem eigenen Selbstmord überbringen, der sich daraufhin in sein Schwert stürzt. Als er hört, dass Kleopatra noch lebt, lässt er sich zu ihr bringen und stirbt in ihren Armen. Hat sie ihn verraten? Oder hat sie ihm einen ehrenvollen Tod ermöglicht? Zwölf Tage später stirbt sie selbst den Freitod, laut Legende auf Königsart durch das Gift einer Kobra. So erspart sie es sich, beim Triumphzug zur Schau gestellt zu werden. Ihr Sohn Caesarion wird von Octavian ermordet, die anderen Kinder

Kleopatras wachsen bei Antonius' geschiedener Frau Octavia auf. Die Tochter Kleopatra Selene wird später Königin von Mauretanien. Der Tod Kleopatras VII. bedeutet das Ende des Ptolemäerreichs. Ägypten wird nun endgültig römische Provinz, Rom zum Kaiserreich.

Arabische Quellen des Mittelalters stellen Kleopatra im Gegensatz zur Geschichtsschreibung der römischen Sieger durchweg positiv dar: als Ärztin, Gelehrte, Baumeisterin, als Philosophin auf dem Thron. Sie ist eine entscheidungsfreudige, kühne Königin mit einem genialen Improvisationstalent, mit mehr Weitsicht als andere, die sich selbst in die Verbindung zweier Hochkulturen stellt. Bis heute ist die letzte Pharaonin in ihrem Heimatland Ägypten hochgeachtet.

Die Königin des Ostens:
Septimia Zenobia oder Az-Zabba

(240 bis 272/73 nach Christus
Palmyra, heute Syrien)

Auch im Krieg soll alles in einem Bewusstsein
von Werten getan werden,
deshalb kann ich mich nicht ergeben.

Dies schreibt Septimia Zenobia, Königin von Palmyra, an den
römischen Imperator Marcus Aurelius. Palmyra ist eine Oa-
senstadt in der Wüste des heutigen Syrien, die auf Arabisch
Tadmur heißt. Zenobia bietet dem römischen Weltreich die
Stirn und baut ein eigenes Reich auf. Sie ist gleichzeitig Krie-
gerkönigin, die mit in die Schlacht zieht, und eine Philosophin
auf dem Thron. Seit dem 19. Jahrhundert ist Zenobia die Na-
tionalheldin der Syrer und unter ihrem arabischen Namen
Az-Zabba eine Ikone der arabischen Frauenbewegung. Sie
selbst sieht sich als eine Nachfahrin Kleopatras.

Über die Herkunft Zenobias ist wenig bekannt. In Palmyra
heiratet sie den König Odainat, latinisiert auch Septimius
Odaenathus genannt, der seine Stadt zu verteidigen weiß und
als Feldherr zunächst zur Stabilisierung der römischen Herrschaft an der Ostgrenze beiträgt, so erfolgreich, dass er schließlich zum Stellvertreter des römischen Kaisers erklärt wird. Auf

die Dauer reicht sein Einfluss von Petra im heutigen Jordanien bis zum Euphrat. Während in Rom die Soldatenkaiser schnell wechseln, die militärischen Kräfte in Gallien gebunden sind, beginnen Odainat und seine zweite Frau Zenobia ihr eigenes Imperium aufzubauen. Als Odainat und sein ältester Sohn ermordet werden, möglicherweise auf römische Initiative hin, regiert Zenobia für den jüngeren Sohn weiter und führt den gemeinsamen Plan fort. Mit dieser Frau und ihrem Kampfesmut haben die Römer nicht gerechnet.

Zenobia muss nicht nur ungewöhnlich mutig, sondern auch charismatisch gewesen sein. Ihre Soldaten halten zu ihr. Sie führt ihr Heer selbst an, reitet wie der Teufel, scheut auch anstrengende Fußmärsche nicht. So expandiert Palmyra unter Zenobias Führung bis Palästina, Libanon, Ägypten, Lybien, in den Süden der Türkei, Armenien, Irak, Saudi Arabien. Überall dort erobert sie römische Gebiete und fordert damit das mächtige Imperium Romanum offen heraus. Im Jahr 271 ist ihr Reich riesig. Das ruft schließlich den römischen Feldherrn und Imperator Marcus Aurelius auf den Plan. Als Antwort auf seine Forderungen, lässt Zenobia Münzen mit ihrem Bild und dem ihres Sohnes als Augusta und Augustus prägen, eine offene Provokation.

Am palmyrenischen Hof herrscht, wenn gerade nicht gekämpft wird, die Philosophie. Zenobia ist eine hochgebildete Frau, die mehrere Sprachen spricht. „Sie hatte ungewöhnliche lebendige schwarze Augen", heißt es in einer anonymen zeitgenössischen Quelle, „und besaß einen wunderbaren Geist und unglaublichen Charme." Der in Emesa, heute Homs, geborene Philosoph Longinus, der in Athen eine Schule in der Tradition Platons geführt hat, wird auf Zenobias Bitten Lehrer ihrer

Söhne. Gemeinsam mit ihm versucht sie, ihre Politik auf philosophischen Grundlagen aufzubauen. Ein hochspannendes Experiment. Als Frau setzt sie sich selbst in eine Linie mit den Königinnen Dido und Semiramis und der Ptolemäierin Kleopatra.

Aus diesem Selbstverständnis heraus soll sie Marcus Aurelius einen Brief geschrieben haben. Sie tituliert sich *Zenobia, Königin des Ostens* und fragt, ob er vergessen habe, dass Kleopatra lieber den Freitod gewählt habe, um Königin bleiben zu können als mit einer geschmälerten Würde zu überleben?

Zenobia hat nicht damit gerechnet, dass sie von Marcus Aurelius besiegt werden könnte. Dies gelang dem versierten Feldherrn auch nur „mit Mühe", wie selbst die römischen Quellen zugeben. Doch gegen das aufgebotene römische Heer und vor allem gegen Aurelius' Täuschungsmanöver hat sie keine Chance. Zunächst belässt der römische Imperator Zenobia in ihrer Position in Palmyra, allerdings Rom verpflichtet. Als die besiegte Königin aber weiter agitiert, sich ins Perserreich absetzen will, wird sie gefangen genommen und entthront. Ihr und ihrem Philosophen Longinus wird der Prozess gemacht. Laut Überlieferung soll sie danach nicht mehr dieselbe gewesen sein. Während Longinus die volle Verantwortung für seinen Anteil an ihrer Politik übernimmt und dafür hingerichtet wird, kommt sie mit dem Leben davon. Das weitere Schicksal dieser außergewöhnlichen Frau ist ungewiss. Wird sie vom siegreichen Imperator beim Triumphzug wirklich mit Schmuck überhäuft zur Schau gestellt, wie das römische Quellen behaupten? Oder entzieht sie sich dem entwürdigenden Spektakel durch Nahrungsverweigerung? Möglicherweise lebt sie in Rom unter Hausarrest weiter. Dafür sprechen hartnäckige Gerüchte, es gäbe in Rom Nachkommen der Herrscherin von Palmyra.

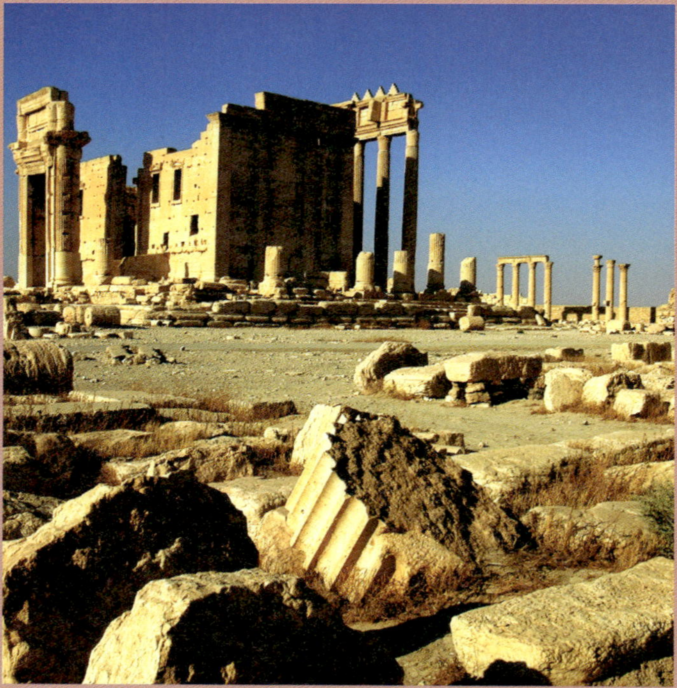

In jedem Fall wird die legendäre Königin von Tadmur zur ersten nicht religiösen arabischen Identifikationsfigur. Vor allem seit dem 19. Jahrhundert wird diese Epoche zur Wiege Syriens stilisiert. Az-Zabbas Befreiungskampf gegen die römischen Eroberer wird als Freiheitskampf gegen die Kolonialmächte gelesen. 1871 erscheint ein Roman, der ihre Geschichte, die von Generation zu Generation weitererzählt worden ist, schriftlich festhält. Bis in die heutige Zeit ist der Kampf Zenobias ein populärer Stoff, auch im arabischen Fernsehen. Auch der Prophet Mohammed soll die Geschichte dieser tapferen Herrscherin gekannt und deshalb seine älteste Tochter Zaynab genannt haben, wird erzählt.

Die arabische Frauenbewegung hat Az-Zabba ebenfalls für sich entdeckt und benutzt in Abgrenzung zu romantisierenden westlichen Darstellungen (wie bei Boccaccio, Petrarca, Rossini, Tiepolo) den arabischen Namen Az-Zabba, ihr ursprünglicher aramäischer Name lautet Bat-Zabbai. Sie ist ihre eigene Legende geworden und als unerschrockene Kämpferin ein Leitbild, das nicht allein für die arabische Welt Gültigkeit hat.

Die Ruinen von Palmyra

SANCTA
HELENA
AVGVSTA

Mutter des christlichen Abendlandes: Kaiserin Helena

(248/250 bis 18. August 330
Konstantinopel, Römisches Reich)

Von der Miste auf den Thron ...

Diesen Weg hat laut Ambrosius, Bischof von Mailand, die Kaiserin Helena genommen. Flavia Julia Helena, so ihr voller römischer Name, ist eine Schlüsselfigur des christlichen Abendlandes. Ihre Geschichte vom Aufstieg einer Frau aus einfachsten Verhältnissen zur Kaiserin bleibt faszinierend. Zudem ist sie die erste christliche Kaiserin, dazu eine Heilige, die keine Märtyrerin, sondern eine Herrscherin ist. Über ihre Herkunft gibt es jede Menge ungereimter Geschichten: Ist sie eine Stallmagd aus Aquitanien, eine gute Herbergswirtin aus dem heutigen Serbien oder doch eine britische Königstochter? Vermutlich stammt Helena aus Drepanon am Bosporus in der heutigen Türkei. Zu Ehren seiner Mutter hat ihr Sohn, der spätere römische Kaiser Konstantin die Stadt in Helenopolis umbenannt. Über Helenas Kindheit, Jugend und ihre Träume wissen wir nichts. Fest steht, dass Helena um 270 eine Liebesbeziehung zu einem der maßgeblichen römischen Feldherren eingeht: Konstantius Chlorus. Die Beziehung muss beiden wertvoll gewesen sein, eine eheähnliche Verbindung, die über

Jahrzehnte hält und aus der zwischen 270 und 288 Sohn Konstantin hervorgeht.

Mag Konstantius Helena auch ehrlich geliebt haben, so steht sie schließlich seiner Karriere doch im Weg. 289 verstößt er Helena und heiratet eine andere. Es ist nicht überliefert, wo sie in den nächsten 17 Jahren bleibt. Allerdings kümmert sich Konstantius um den gemeinsamen Sohn, steigt selbst zum Caesar, sprich Unterkaiser des westlichen römischen Teilreichs auf. Nach seinem Tod im Jahr 306 wird der Sohn Konstantin in Britannien zum Nachfolger erhoben, er holt die Mutter sofort nach Trier, in seine Hauptstadt, und macht sie zur Kaiserin. Sie unterstützt den Sohn bei den Kämpfen der kommenden Jahre. 312 kommt es zur entscheidenden Schlacht um die Macht im ganzen Imperium Romanum an der Milvischen Brücke, in der Konstantin siegt. Zuvor hat er eine Vision gehabt, ein Symbol für Christus, das Labrarum, dazu eine Stimme: „In diesem Zeichen wirst du siegen." Konstantin löst sein Versprechen ein und beendet die jahrhundertelange Christenverfolgung. Im sogenannten Mailänder Toleranzedikt von 313 macht er den Weg frei für freie Religionsausübung – die Konstantinische Wende. 312 ist auch das Jahr, in dem Helena sich spätestens hat taufen lassen. Es ist anzunehmen, dass sie es ist, die maßgeblich Einfluss auf die Einstellung ihres Sohnes gegenüber den Christen hat. Konstantin selbst lässt sich aus politischen Gründen erst auf dem Sterbebett taufen.

Helena ist wohl um die 79 Jahre alt, als sie einen folgenschweren Traum hat. Sie soll zur Wallfahrt nach Jerusalem aufbrechen und das Kreuz Jesu finden. Tatsächlich nimmt sie die beschwerliche Reise auf sich – vielleicht auch um Buße zu tun für den bis heute ungeklärten Mord ihres Sohnes an seiner Gemahlin und dem ältesten Sohn – und lässt unterhalb eines römischen Venustempels auf dem Berg Golgatha graben. Dabei findet sie drei Kreuze und das Heilige Grab. Sie schafft damit erst die Voraussetzungen für den später schwer umkämpften Pilgerort und die weitere christliche Prägung des Abendlandes. Das richtige Kreuz habe sie durch die Aufschrift identifiziert: „Jesus von Nazareth, König der Juden". Zudem soll es Heilkräfte gehabt haben. Helena lässt das Kreuz in drei Teile teilen, ein Drittel verbleibt vor Ort in Jerusalem, ein Drittel geht nach Rom, ein Drittel nach Konstantinopel. Splitter vom heiligen Kreuz sind fortan in Klöstern und Kirchen heiß begehrt. Überhaupt ist Helena eine Pionierin des Reliquienkultes: Die Nägel, mit denen man Jesus ans Kreuz geschlagen hat, lässt sie ins Zaumzeug des kaiserlichen Pferdes einarbeiten – um Frieden zu bringen. Sie soll außerdem den Finger des ungläubigen Thomas gefunden haben, die Sandalen des Apostels Andreas, den Schleier Marias, die Gewänder Jesu: den heiligen Rock, der bis heute in Trier verwahrt wird, die Gebeine des Apostels Matthias und die der Heiligen drei Könige, die später nach Köln gebracht worden sind. Die Dornenkrone Christi beherbergt Notre Dame in Paris. Helena verbringt viel Zeit im Heiligen Land, lässt dort die Grabeskirche und weitere Kirchen an heiligen Orten erbauen. Sie stirbt in Nikomedia. Ihre Gebeine sollen in Rom in der eher bescheiden wirkenden Kirche Santa Maria de Aracoeli beigesetzt sein, ihr Haupt hingegen in Trier. In Deutschland rühmen sich vor allem vier Kirchen auf sie zurückzugehen: der Dom zu Trier, St. Gereon in Köln, St. Viktor in Xanten und das Bonner Münster.

In manchen Kreuzwegen wird die Auferstehung oder die Kreuzauffindung durch Helena als 15. Station dargestellt. Kaiserin Helena ist ein Beispiel dafür, wie Frauen durch ihren Glauben und ihr inneres Wissen eine geistige, in diesem Fall religiöse Wende einleiten können, deren kulturelle Prägungen bis heute wirksam sind.

Otto imp̄ūr

Die Urmütter der Ottonen: Fürstin Aeda, Oda und Königin Mathilde

(806 bis 913/896 bis 968 • Ostfränkisches Reich, Gandersheim, Herford, Quedlinburg)

Geliebt vom Himmel, gefeiert auf Erden, als zärtliche Mutter ...

Das schreibt Roswitha von Gandersheim, die erste deutsche Schriftstellerin über Oda, eine Urahnin Ottos des Großen. Kaiser Otto kennt wohl jeder zumindest dem Namen nach. Seine zweite Frau Adelheid, die an seiner Seite Kaiserin des Heiligen Römischen Reichs wird, dürfte noch einigermaßen geläufig sein. Seine erste Gemahlin, die Königin Editha, ist erst durch die spektakuläre Wiederentdeckung ihrer Gebeine 2008/2009 wieder aus der Vergessenheit aufgetaucht. Wer aber sind die Urmütter der Ottonen?

Aeda, Oda, Mathilde. Wer weiß, dass der sensationelle und rasante Aufstieg der ottonischen Dynastie im 10. Jahrhundert eigentlich auf den Verdiensten von Frauen beruht? So erzählen es jedenfalls die Chroniken. Am Anfang steht eine Frau, von der wir nicht viel mehr als ihren Namen wissen, Aeda, die Ururgroßmutter Ottos des Großen. Sie soll fränkischer Herkunft gewesen sein und ihre Witwenjahre mit intensivem Gebet verbracht haben, wie das zu ihrer Zeit erwartet wird, möglicherweise leitete

37

sie das älteste sächsische Frauenstift in Herford. Als Aeda eines Tages vor ihrem Hausaltar Johannes den Täufer anruft, steht der Heilige unversehens leibhaftig vor ihr. Mit einem feinen Sinn für Humor beschreiben die lateinischen Texte, wie die kniende ältere Frau zunächst ein Paar in groben Sandalen steckende Füße und haarige Beine vor ihrer Nase bemerkt und sich erschreckt. Doch wird ihrer Familie eine glänzende Zukunft prophezeit, sogar die Kaiserwürde versprochen, wenn sie nur einen Frauenort, ein Stift errichtet, an dem beständig für das Allgemeinwohl und das Seelenheil gebetet wird.

Ihre Vision gibt die alte Aeda an ihre Tochter Oda weiter. Ein mütterliches Erbe, das Oda als Aufgabe begreift und in ihre Ehe mit dem sächsischen Fürsten Liudolf einbringt. Wie ausdrücklich vermerkt ist, hört Herzog Liudolf auf seine Frau. Gemeinsam gründet das Paar ein Frauenstift in Gandersheim. Beide nehmen sogar die weite und gefährliche Reise nach Rom auf sich, um nebst des päpstlichen Segens Reliquien zu besorgen und sich die Unabhängigkeit ihrer Einrichtung (Reichsunmittelbarkeit) bestätigen zu lassen. So berichtet es die schreibende Stiftsfrau Hrotsvit, bekannt als Roswitha von Gandersheim.

Leben in einer Frauengemeinschaft ist damals populär, ein Stift ist ein Kloster auf Zeit, ein beschützter Ort, an dem junge Frauen Bildung erhalten und zugleich Witwen ihren Lebensabend sinnvoll verbringen können. Dazu kommen die Sanktimonialen (geweihte Jungfrauen oder Stiftsfrauen), die ihr Leben dem religiösen Dienst ganz widmen. Auf altsächsischem Territorium gibt es in den beiden Jahrhunderten vor dem Jahrtausendwechsel auffallend viele Frauenklöster und Stifte, die man sich gleichzeitig als Orte der Macht vorstellen darf.

Fürstin Oda macht das Gandersheimer Stift zu ihrem Herzens-
anliegen, kümmert sich um die Ausbildung der jungen Frau-
en, sorgt für die Ausstattung, beschafft Gelder. Ihre Töchter
Hathumod, Gerberga und Christine werden Äbtissinnen. An
der ältesten Tochter Liutgard wird die Verheißung von Johannes dem Täufer erstmals sichtbar: Liutgard wird durch Heirat
ostfränkische Königin. Oda selbst überlebt alle ihre Töchter
und leitet das Stift bis zuletzt. Sie erreicht ein biblisches Alter.
Mit 105 Jahren erlebt sie noch die Geburt des Ururenkels im
Jahr 912, Otto des Großen, der nach seinem Vater Heinrich I.
939 zweiter ostfränkischer König und 962 Kaiser des Heiligen
Römischen Reiches wird.

Auf der anderen Seite der Ahnengalerie Ottos des Großen gibt
es ebenfalls starke Frauenpersönlichkeiten. Die wichtigste ist
seine Mutter Mathilde. Mit ihr ist Ottos Vater, König Heinrich I. in zweiter Ehe verheiratet. Mathilde, 895/896 in Enger
in Ostwestfalen geboren, stammt aus einer der ältesten und
angesehensten sächsischen Familien, die ihre Wurzeln bis auf
Widukind zurückführen können, den großen Gegner Karls des
Großen. Aufgewachsen im Stift Herford, einer angesehenen
Fraueneinrichtung, die von Mathildes Großmutter geleitet
wird, wird Mathilde 919 an der Seite Heinrich I. erste sächsische Königin des Ostfrankenreichs. Auch wenn aus dieser
frühen Zeit nur wenige Urkunden erhalten sind, ist Mathilde
an der Politik in jedem Fall beteiligt. Nach dem Tod Heinrichs
gründet sie in Quedlinburg, seiner Grablege, einen weiteren
berühmten Frauenort, das dortige Frauenstift, das sie selbst
aufbaut und leitet. Quedlinburg wird ein noch mächtigerer
Ort der ottonischen Herrschaftsrepräsentation und Memoria.
Jedes Jahr zu Ostern halten König und Königin, später Kaiser
und Kaiserin hier Hof.

Mathilde mischt sich auch als Witwe und Königinmutter aktiv in die Politik ein. Wenn nötig, setzt sie sich auch gegen die eigenen Söhne durch, wie ihre Vita erzählt. In jedem Fall führt sie während der Abwesenheit des Königs Regierungsgeschäfte – als Otto der Große bei Augsburg gegen die Reiterheere der Magyaren kämpft. Während der längeren Abwesenheit Ottos und Adelheids in Italien ist sie eine entscheidende stabile Größe im Reich, die die Ordnung garantiert, wie der Chronist Widukind von Corvey erzählt. Zweifelsohne hat sie das Frauenbild ihrer Söhne stark geprägt und ist Leitbild für ihre Schwiegertöchter, die starken Frauen der Ottonen geworden: Editha, Adelheid, Theophanu, später Kunigunde.

Mathilde stirbt im Jahr 968, dem Jahr der Einrichtung des Erzbistums Magdeburg. Ihre Nachfolgerin ist ihre gleichnamige Enkelin, ebenfalls eine Frau, die Spuren in der Politik hinterlässt. Auch wenn die Quellen hier religiöse Inhalte berichten, geben sie doch einen Eindruck davon, wie maßgeblich Frauen wie Aeda, Oda und Mathilde an den Grundlagen unserer Kultur beteiligt sind – vor und hinter den Kulissen.

Heute Weltkulturerbe – ehemaliges Frauenstift Quedlinburg

Herrscherin zwischen zwei Reichen: Eleonore von Aquitanien

*(≈ 1122 bis 1. April 1204
Frankreich und England)*

*Ein ungebildeter König
ist wie ein gekrönter Esel.*

Dieser Auffassung ist Eleonore von Aquitanien, in der Sprache ihres Landes: Aleonòr d'Aquitània, hochgebildet und die mächtigste Frau ihrer Zeit, eine der wichtigsten Regentinnen in Europa überhaupt und die einzige, die nacheinander Königin von Frankreich und England ist. Eine Ausnahmepersönlichkeit: außerordentlich schön und begehrenswert, außerordentlich klug und gebildet, außerordentlich mutig und entscheidungsfreudig. Eleonore ist ein Beispiel dafür, wie sich Fürstinnen im Mittelmeerraum ein hohes Maß an Unabhängigkeit bewahren können, weil sie ihr Erbe selbst antreten und wahrnehmen können.

Eleonore stammt aus einer bemerkenswerten Familie: Ihr Großvater Wilhelm IX. ist Herzog von Aquitanien, dem größten Territorium auf französischem Gebiet. Bekannt ist er vor allem als der erste Troubadour, dessen Werke überliefert sind. Er ist ein Freigeist und der Erfinder des höfischen Minnedienstes. In Poitiers führt er den innovativsten und kultiviertesten

43

Hof Europas. In dieser inspirierenden Atmosphäre wächst Eleonore auf. Ihre Mutter stirbt früh, 1130, da ist Eleonore erst sechs oder acht Jahre alt. In ihrer Kindheit erlebt Eleonore Männer wie ihren Vater Wilhelm X., die nicht nur Schwertkampf lernen, sondern Dichten und Singen, gute Manieren, Minnedienst und den Respekt vor Frauen. Eleonore wird zu einer selbstbewussten jungen Frau, deren Liebe zeitlebens ihrer schönen Heimat zwischen Atlantik und Pyrenäen gehört und die immer die Interessen Aquitaniens vertreten wird, dessen Alleinerbin sie ist.

Als der Vater auf einer Pilgerreise nach Santiago de Compostela stirbt, heiratet Eleonore auf Vermittlung des französischen Königs dessen Sohn Ludwig VII., den französischen Thronerben. Die Hochzeit findet am 25. Juli 1137 in Bordeaux statt. Eine Woche später stirbt auch der Schwiegervater und Eleonore zieht mit ihrem Mann als Königin von Frankreich in Paris ein. Allerdings passt die temperamentvolle junge Frau nicht in die Enge des Pariser Hoflebens. Dass sie sofort ans Werk geht, die altbackene Einrichtung modernisiert, dafür sorgt, dass das Personal sich die Hände wäscht, bevor es serviert, Kultur und Leben an den Hof bringt, macht sie nicht beliebt. Dazu kommen mehr und mehr Gegensätze zwischen den Eheleuten. Ludwig ist ursprünglich für eine Klerikerlaufbahn ausgebildet worden. Er bevorzugt Fasten, Enthaltsamkeit und betet die Nächte durch. Die Berater des Königs haben durchaus kein Interesse, dass Eleonore Einfluss auf die Politik ihres Mannes gewinnen könnte. Hinzu kommt, dass „nur" ein Mädchen geboren wird, kein Thronfolger. Marie wird später als Marie de Champagne in die Fußstapfen der Mutter treten und als Mäzenin den Troubadour Chrétien de Troyes unterstützen, der die Artussage aufgreift und bekannt macht.

Als Bernhard von Clairvaux zum Kreuzzug aufruft, ist Eleonore die erste, die an der Seite ihres Mannes das Kreuz nimmt und mit ins Heilige Land zieht. Sie hat dafür einen familiären Grund: Ihr Onkel Raymond, Fürst von Antiochia, ist in Gefahr. An seinem Hof, der nach okzitanischer Tradition geführt wird, fühlt sie sich endlich wieder zuhause und frei. Hier kommt es zum Bruch mit Ludwig. Weniger, weil sie ein Verhältnis mit ihrem Onkel oder später mit dem persischen Sultan Saladdin gehabt hätte, wie man ihr andichten will, sondern weil sie weitsichtig genug ist, zu erkennen, dass der französische König und der Papst bereit sind, Antiochien zu opfern. Tatsächlich wird der kleine Staat unmittelbar nach Abzug der Kreuzfahrer erobert, Raymond getötet.

Eleonore zieht Konsequenzen, sie will nicht länger Königin Frankreichs sein. Sie verlangt die Scheidung und will ihr Leben selbst in die Hand nehmen. Zunächst kann der Papst die Ehe noch einmal kitten. Nach dem Kreuzzug kommt 1150 sogar eine weitere Tochter zur Welt. Doch im März 1152 hat Eleonore es geschafft, ihre Ehe annullieren zu lassen. Wie ungewöhnlich für eine Frau! Als Herzogin von Aquitanien ist sie immer noch eine hervorragende Partie. So gibt es auf ihrem Weg von Paris nach Poitiers mehrere Anschlagsversuche politischer Gegner, deren Ziel es ist, die reichste Frau Frankreichs zur Ehe zu zwingen. Es ist durchaus eine Notwendigkeit, dass Eleonore bereits zwei Monate nach der Scheidung einen neuen Ehemann präsentiert. Allerdings einen, den sie sich selbst ausgesucht hat und der zudem einer der größten Gegner ihres Exmannes ist. Der neue Mann an Eleonores Seite ist der elf Jahre jüngere Heinrich, Herzog von Anjou und der Normandie, genannt Plantagenet. Gemeinsam gehört den Eheleuten auf dem Festland nun ein Territorium, dessen Größe für den franzö-

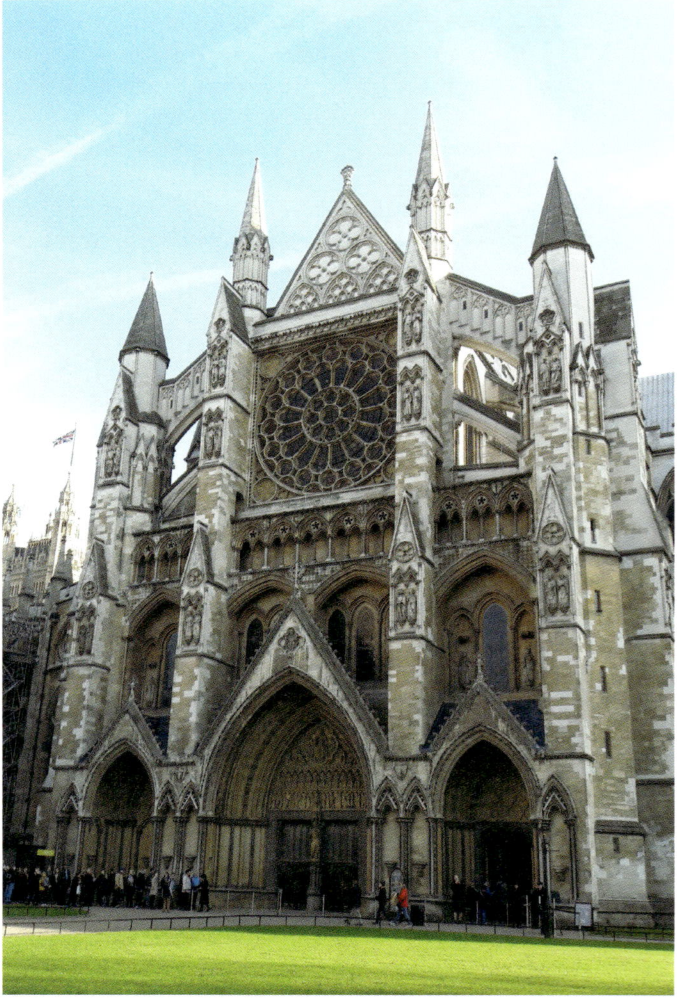

sischen König eine Bedrohung darstellt. Zudem ist Heinrich nach jahrzehntelangen Auseinandersetzungen der aussichtsreichste Anwärter auf den englischen Königsthron.

Eleonore hat ihrem Leben eine atemberaubende Wende gegeben. Mit Heinrich gemeinsam wird sie am 19. Dezember 1154 in der Westminster Abbey (siehe Abb.) zur Königin von England gekrönt. Da hat sie den ersten gemeinsamen Sohn bereits geboren. Insgesamt folgen vier weitere Söhne und drei Töchter, die später Schlüsselpositionen an europäischen Königshöfen bekleiden. Lange Zeit ist Eleonores zweite Ehe glücklich. Mit Heinrich hat sie einen ebenbürtigen Partner gefunden. Gemeinsam konsolidieren sie das mächtige Angevinische Reich. Anders als Ludwig vertraut Heinrich II. der politischen Intuition seiner Frau und übergibt ihr gerade in der unsicheren Anfangszeit in seiner Abwesenheit die Regierungsgeschäfte – inklusive der Finanzen. Eleonore erweist sich als kluge Regentin, der es gelingt, die zerstrittenen Lager in England zu verbinden und Grundlagen für eine funktionierende Verwaltung zu legen. Dass England nach dem Bürgerkrieg so schnell wieder auf die Beine kommt, ist auch ihr Verdienst.

Mit der Zeit entwickeln sich Konflikte – äußerlich mit dem Heiligen Römischen Reich. Vor allem leben sich Heinrich und Eleonore auseinander. Regelmäßiger Streitpunkt sind Eleonores Ansprüche auf ihr Herzogtum Aquitanien, dessen Eigenständigkeit sie bewahren will. Eleonore versteht sich zeitlebens als Herrscherin aus eigener Macht. Sie zieht es schließlich vor, auf dem Festland am heimatlichen Hof von Poitiers zu bleiben. Dazu kommen handfeste Spannungen zwischen Heinrich II. und den Söhnen, die er nicht wirklich an der Regierung teilhaben lässt. Der englische König regiert zunehmend despotisch,

das kulminiert in der Ermordung des Erzbischofs von Canter-
bury Thomas Becket 1170. Als die Söhne offen gegen den Vater
rebellieren, werden sie von Eleonore unterstützt. An ihr statuiert
Heinrich II. ein Exempel, er lässt sie in Old Sarum (Salisbury)
festsetzen, wohl weil er sie als politische Gegnerin ernst nimmt.
15 lange Jahre verschwindet sie aus dem öffentlichen Leben.

Erst nach harten Kämpfen setzt sich Richard Löwenherz,
Eleonores Lieblingssohn, 1189 gegen Heinrich II. durch, der
nur wenig später stirbt. Kaum aus der Gefangenschaft befreit,
übernimmt Eleonore erneut die Regierung in England, denn
ihr Sohn, der neue König Richard I., hat seine Teilnahme am
Kreuzzug zugesagt. Wieder konsolidiert sie die Anfangsjahre
einer Herrschaft. Die Chronisten erkennen „die Ausdauer und
Konsequenz, ihre Beharrlichkeit, mit der sie sich einsetzt" an.

Wie sehr Richard I. seiner Mutter vertraut, wird daran deut-
lich, dass er die fast 70-jährige Eleonore beauftragt, seine
Braut für ihn aus Navarra nach Sizilien zu bringen. Später
muss Eleonore die Gefangenschaft ihres Lieblingssohnes erleben und sogar das Lösegeld organisieren. Richard stirbt am
6. April 1199 schwerverletzt in ihren Armen. Ein drittes Mal
tritt Eleonore auf den Plan und sichert dem jüngsten Sohn Johann den englischen Thron und ein höchst umstrittenes Erbe.

Eleonore selbst stirbt am 1. April 1204 auf dem Festland in der
königlichen Abtei Fontevraud (alte Schreibweise Fontevrault),
wo sie auch beigesetzt ist. Ihre Grabskulptur auf ihrem Sarg,
vermutlich von ihr selbst in Auftrag gegeben, zeigt sie als Frau
mittleren Alters, mit einem Buch in den Händen: Die Frau, die
ihr Leben lang Kunst und Kultur geliebt und gefördert hat,
sieht aus, als läse sie darin in alle Ewigkeit.

Die Jungfrau von Orléans: Jeanne d'Arc

(≈ 1412 bis 30. Mai 1431 · Frankreich)

*Wer, wenn nicht wir,
wann, wenn nicht jetzt?*

Die Frau, von der dieses Zitat stammt, agiert ebenfalls zwischen den französisch-englischen Fronten. Es ist eine unglaubliche Geschichte: Jeanne d'Arc, ein Bauernmädchen aus Domrémy wird als Jungfrau von Orléans zur Vorkämpferin für den französischen König und schon zu Lebzeiten ein Mythos. Fakt bleibt, dass sie die entscheidende Wende im 100-jährigen Krieg bewirkt. Im 19. Jahrhundert wird Jeanne zur französischen Nationalfigur.

Geboren wird das Mädchen Jeanne oder Jehanne um 1412 im französischen Teil Lothringens. Jeannes Eltern sind Bauern, aber nicht arm, ihnen gehören etwa 40 Hektar Land und Wald, der Vater Jacques Darc ist sogar Bürgermeister. „Nicht besonders groß, schwarze Haare, zurecht ein Bauerngesicht und sie war am ganzen Körper sehr stark", wird sie später beschrieben. Sie habe nie eine Schule besucht, behauptet sie selbst. Einzig ihre Mutter Isabell Rommèe-Darc habe sie ihren Glauben, das Ave Maria, Vater Unser und das Credo, sowie alltägliche Dinge wie Stricken gelehrt.

Gerüchte, Jeanne sei in Wirklichkeit königlicher Abkunft, zeigen nur, wie unwahrscheinlich ihre Geschichte schon für ihre Zeitgenossen klingt. Mit 13 Jahren hört Jeanne das erste Mal Stimmen. Erst die der heiligen Katharina, später kommen die des Erzengels Michael und der heiligen Margarete dazu. 1428 fordern diese Stimmen sie erstmals auf, sie solle Frankreich retten und den Dauphin, den späteren Karl VII., als rechtmäßigen Thronerben zur Krönung nach Reims führen. Wie soll sie als einfaches Mädchen so etwas zustande bringen? Doch die Stimmen wiederholen ihre Botschaft.

Als der Vater Jeanne Ende Dezember 1428 verheiraten will, läuft die 17-Jährige weg und versucht das scheinbar Unmögliche.

Die politische Lage ist bedrohlich. England versucht, seine Ansprüche auf den französischen Thron durchzusetzen und wird von einigen französischen Fürsten dabei unterstützt. Nur knapp ist der französische Thronfolger Karl in Paris einem Attentat entkommen. 1428/1429 spitzt sich der Machtkampf zu. England belagert die strategisch wichtige Stadt Orléans.

Jeannes Geschichte ist eine Lektion über die Macht des Glaubens und der Unbeirrbarkeit. Anfang 1429 spricht Jeanne beim Stadtkommandanten von Vaucouleurs vor. Sie erinnert sich, dreimal abgewiesen worden zu sein. Doch sie überzeugt mit ihrem Charisma, ihrer Hartnäckigkeit und wird nach Chinon eskortiert. Als sie dort ankommt, setzt man ihr aus Furcht vor weiteren Attentaten zunächst einen falschen König vor. Sie soll den wahren Dauphin in der Hofgesellschaft sofort erkannt haben. Beseelt und begeistert von ihrem Auftrag gelingt es der jungen Frau aus einfachen Verhältnissen das Herz des Dauphins zu berühren. Dennoch lässt er sie von Geistlichen in

Poitiers zunächst prüfen. Die sind verwundert über die klugen Antworten, die das junge Mädchen zu geben imstande ist.

Jeanne ist in wenigen Tagen der Sprung bis an die Spitze Frankreichs gelungen. Der Kronrat lässt ihr eine eigene Rüstung anfertigen. Sie erhält ihren ersten militärischen Auftrag. Auf ihrem Streitross soll sie immer Marienlieder gesungen haben. Jeanne schafft es, einen Proviantzug ins eingekesselte Orléans zu bringen. Auch dort motiviert sie die Menschen. Unter ihrer Führung wagen die eingeschlossenen Truppen von Orléans einen Ausfall. Obwohl Jeanne dabei schwer verletzt wird, bleibt sie im Sattel. Das steigert die Kampfmoral der französischen Truppen noch einmal. Der 8. Mai 1429 geht als Tag der Befreiung Orléans in die Geschichtsbücher ein und wird bis heute gefeiert. Am 17. Juli 1429 wird der Dauphin in Reims zum König von Frankreich, Karl VII., gekrönt, wie Jeanne es vorausgesagt hat. Die Jungfrau von Orléans steht mit der Siegesfahne neben dem Altar. Ihre Familie wird geadelt. Jeanne ist auf dem Gipfel ihres Ruhmes.

Dann wird die Situation unübersichtlich. Karl hat sein primäres Ziel erreicht. Jeannes Einfluss passt den Mächtigen bei Hofe nicht. Sie hingegen wähnt Frankreich auf der Siegerbahn und will bis Paris vorstoßen, um ganz Frankreich zu befreien. Diesmal hört der König nicht auf die Jungfrau von Orléans und ihre Stimmen. Als Jeanne dann doch die Erlaubnis erhält auf Paris vorzurücken, ist es zu spät. Diesmal verliert sie, nicht allein die Schlacht, sondern den Nimbus der Unbesiegbarkeit und ihre Glaubwürdigkeit. Das Blatt wendet sich dramatisch. Der Mann, den sie zum König gemacht hat, lässt sie fallen, er will lieber mit den Engländern Frieden schließen. Im Mai 1430 wird Jeanne verraten und gefangengenommen, zunächst an die Burgunder, dann an die Engländer ausgeliefert. Dafür fließt sogar Geld. Länger als ein Jahr ist Jeanne bereits in Haft, bevor ihr 1431 in Rouen der Prozess gemacht wird. Sie muss den Kirchengelehrten ohne Rechtsbeistand gegenübertreten. Abermals schlägt sie sich tapfer, gibt erstaunliche Antworten – auch auf Fangfragen. Ob sie glaube, ob sie sich in Gottes Gnade befinde? Ihre Antwort: *Wenn ich mich in Gottes Gnaden befinde, so soll er mich darin erhalten. Wenn ich es nicht bin, möge er mich darein versetzen.*

Doch Jeanne bekommt keinen fairen Prozess, es geht nur darum, den französischen König zu schwächen. In der Anklage heißt es zum Beispiel: „Ihre schwerwiegendsten Charakterzüge waren ihr Selbstbewusstsein, wenn nicht sogar annähernde Arroganz, ihre Schlagfertigkeit, sich nicht auf Kompromisse einzulassen – ihr Wort wird befolgt, so und nicht anders!" Allein das Tragen von Männerkleidung wird ihr zum Vorwurf gemacht. Zum Schluss wird Jeanne d'Arc erwartungsgemäß wegen Ketzerei verurteilt, dafür liefert die Universität von Paris ein Gutachten. Zuerst will Jeanne das Urteil nicht anerkennen, dann gibt es diesen Moment, in dem sie abschwört. Kurz darauf widerruft sie ihr Geständnis. Vier Tage später kommt es erneut zum Prozess, in dem sie endgültig als notorisch rückfällige Ketzerin verurteilt und am 30. Mai 1431 auf dem Marktplatz von Rouen verbrannt wird.

Um zu verhindern, dass ihr Grab eine Pilgerstätte wird, streut man ihre Asche in die Seine.
Angebliche Reliquien tauchen dennoch auf. Auch Frauen, die behaupten, Jeanne d'Arc zu sein. Durch ihren grausamen Tod entfaltet Jeanne d'Arcs Geschichte noch einmal ihre Kraft. Die Jungfrau von Orléans wird zur Märtyrerin und stärkt noch einmal das französische Königtum. Die bis dahin mit England

verbündeten Burgunder schließen Frieden mit dem französischen König. Es dauert zwar noch bis 1453, bis der 100-jährige Krieg endgültig vorbei ist. Doch die entscheidenden Weichen sind gestellt. Jeannes Mutter setzt alles daran, den Prozess neu aufzurollen und ihrer Tochter Gerechtigkeit angedeihen zu lassen. 24 Jahre nach Jeannes Tod auf dem Scheiterhaufen wird in Paris in der Kathedrale von Notre Dame am 7. Juli 1456 das Verfahren neu eröffnet. Jeanne d'Arc wird vollständig rehabilitiert. Neben Dionysius, Martin von Tours, Ludwig und Thérèse von Lisieux ist sie nun Schutzpatronin von Frankreich.

Als Sinnbild einer kämpfenden Frau wird sie später Symbolfigur des Widerstandes gegen die Nationalsozialisten. Schiller, Shaw, Seghers, Anouilh, Brecht, Rossini, Tschaikowsky, Verdi haben ihr ein Denkmal gesetzt. 1920 wird sie von der katholischen Kirche heilig gesprochen. Ihr Mut, allein auf ihr Inneres zu hören und sich treu zu bleiben, besticht bis heute.

55

Historische Buntglasfenster in der 1979
zu Ehren von Jeanne d'Arc erbauten Kirche in Rouen

Die jungfräuliche Königin: Elisabeth I. von England

(7. September 1533 bis 24. März 1603
England und Irland)

Ich weiß, dass ich zwar den Leib
eines schwachen kraftlosen Weibes,
dafür aber Herz und Mark
eines Königs, noch dazu eines
Königs von England habe.

Das sind die berühmt gewordenen Worte von Elisabeth I. von England, die sie im Angesicht der drohenden spanischen Invasion an ihre Soldaten richtet. Als Königin setzt sie schon deshalb Maßstäbe, weil sie als Frau auf dem Thron unverheiratet bleibt und allein regiert. Zuvor hat ihr Vater Heinrich VIII. skrupellos alles daran gesetzt, einen männlichen Thronfolger zu bekommen. Elisabeth wird die bedeutendste Herrscherin ihres Landes überhaupt, beide Geschlechter inbegriffen. Sie schafft für Europa einen neuen Herrscherinnentypus. Ein ganzes Zeitalter wird nach ihr benannt. England blüht auf, William Shakespeare beginnt seine Dramen zu schreiben. Über „Die lustigen Weiber von Windsor" hat sich Elisabeth I. selbst amüsiert.

Geboren wird Elisabeth Tudor am 7. September 1533 zur Teestunde im Greenwich Palast an der Themse. Ihre frühen Jahre sind dramatisch. Ihre Mutter Anna Boleyn ist die zweite von Heinrich VIII. sechs Ehefrauen. Bereits im Alter von drei Monaten erhält die kleine Elisabeth ihren eigenen Hofstaat. Ihre Gouvernante Katherine Champernowne, „Kat", bleibt bis zu ihrem Tod ihre wichtigste Bezugsperson. Am Anfang wird das kleine Mädchen oft von ihrem Vater umhergetragen. Als ihre Mutter in Ungnade fällt und nach einem Scheinprozess hingerichtet wird, ist Elisabeth noch keine drei Jahre alt. Sie selbst wird für illegitim erklärt. Zeitlebens sucht Elisabeth einen Ausgleich zwischen den Eltern: Einen Ring mit einem Portrait von sich und ihrer Mutter trägt sie lebenslang am Finger. Die Reformen des Vaters führt sie fort, übertrifft ihn bei weitem.

Auch wenn ihr weiterer Werdegang ungewiss ist, erhält Elisabeth eine königliche Erziehung. Bereits im Kindesalter schreibt Elisabeth Gedichte und kleine Bücher, die sie verschenkt. Einerseits soll sie ein sehr vernünftiges, beherrschtes Kind gewesen sein. Andererseits komponiert sie gern, spielt hervorragend Spinett, tanzt für ihr Leben gern, besonders die lebhafte, leicht skandalöse Volta. Das passt nicht zur Prüderie, die ihr oft attestiert worden ist.

Beim Tod des Vaters im Jahr 1547 ist sie 13 und steht nun doch in der Thronfolge an dritter Stelle – nach ihrem Halbbruder Edward VI. und ihrer Halbschwester Maria Tudor, die ab 1553 Königin wird und England rekatholisieren will. Unruhen sind vorprogrammiert. Elisabeth wird – zu Unrecht – denunziert, an einer Verschwörung gegen die katholische Schwester beteiligt zu sein, sie wird verhaftet und in den Tower gesperrt wie einst ihre Mutter. Im Tower trifft sie ihren alten Jugendfreund Robert Dudley wieder, den späteren Earl of Leicester.

Er wird in ihrem Leben eine wesentliche Rolle spielen. Sie kommt frei, steht aber die nächsten Jahre unter Hausarrest.

Die Nachricht, dass sie nach dem frühen Tod Maria Tudors Königin von England wird, erreicht Elisabeth unter einer Eiche im Garten von Hatfield House, die heute noch besichtigt werden kann. Ihr Schwager Philipp II., mittlerweile König von Spanien, macht ihr sofort einen Heiratsantrag, den sie als unschicklich abweist. Er wird ihr erbittertster politischer Gegner. Am 15. Januar 1559 wird Elisabeth Tudor im Alter von 25 Jahren in der Westminster Abbey zur Königin von England und Irland gekrönt und gesalbt.

Die erste Amtshandlung, die ihr angetragen wird, ist zu heiraten. Doch Elisabeth I. findet jetzt und auch später stets einen guten Grund nicht Ja zu sagen. Je mehr Regierungserfahrung sie hat, desto klarer wird zumindest ihr, sie braucht keinen Ehemann. Sie entwickelt aus ihrem Status eine Stärke, den Typus der jungfräulichen Königin, die allein mit England verheiratet ist. Und Elisabeth hat die Gabe, die Herzen der Menschen ihres Landes zu erreichen, sie zu binden. Dafür liebt ihr Volk sie und verehrt sie. Sie wird zu einer Art protestantischer Marienfigur, vom Schicksal auserwählt. Elisabeth selbst pflegt die innige und exklusive Beziehung zu ihrem Land und ihrem Volk. Sie wird die beste Königin, die England sich wünschen kann.

Es gibt einen Zeitpunkt, ab dem ein Ehemann keinen Platz mehr in diesem Interaktionsgefüge hat und auch nicht mehr ins Narrativ der glorreichen Königin passt. Dabei gibt es in Elisabeths Leben durchaus eine große Liebe: Robert Dudley, Earl of Leicester, wird der Vertraute der Königin, ihr Herzensritter, vielleicht mehr? Eine offizielle Verbindung erlauben die Umstände nie. Doch als sie selbst an den Pocken erkrankt ist und um ihr Leben fürchtet, benennt Elisabeth ihn als ihren Nachfolger.

In den religiösen Auseinandersetzungen ihres Zeitalters geht Elisabeth einen konsequenten Sonderweg und vollendet die begonnene Trennung der Anglikanischen Kirche von Rom. Anders als ihre Vorgängerin, die als Bloody Mary in die Geschichte eingeht, verabscheut Elisabeth I. die Verfolgungen ihrer Untertanen aus Glaubensgründen. Sie setzt auf Toleranz und ist damit ihrer Zeit weit voraus. Vor allem aber schafft es diese Königin, das am Boden liegende Land wieder aufzurichten und zukunftsfähige Strukturen in Verwaltung und Wirtschaft zu schaffen, die Kultur zu fördern. Als erstes beendet Elisabeth den erschöpfenden Krieg mit Frankreich. Sie entwickelt England zur Seemacht, baut die Handels- und Kriegsmarine aus. 1566 eröffnet in London die erste Börse. 1577 bis 1580 umsegelt der erste Engländer die Welt: Francis Drake. Seine profitablen, von Elisabeth erst geduldeten, später legitimierten Raubzüge in die spanischen Kolonien in Übersee sind Auslöser dafür, dass 1585 der alte Konflikt zwischen dem protestantischen England und dem katholischen Spanien eskaliert. König Philipp II. rüstet seine Armada zu nie gesehener Größe auf, um die selbstbewusste Königin auf dem englischen Thron, die ihm die Stirn bietet, endlich gründlich zurechtzustutzen. Mit beeindruckenden 130 Kriegsschiffen kreuzt seine Armee im Ärmelkanal auf. In dieser gefährlichen Situation beweist Elisabeth persönlichen Mut und sucht – geleitet von Robert Dudley – die Soldaten an der Themsemündung in Tilbury auf. Ganz in weißen Samt gekleidet, mit einem silbernen geschmückten Brustharnisch und einem goldgefassten Feldherrenstab in der rechten Hand wendet sich die Regentin an ihr *geliebtes Volk: Ich habe mich immer so verhalten, dass ich meinen Schutz in die treuen Herzen und den guten Willen meiner Untertanen gelegt habe. Daher bin ich jetzt, wie ihr seht, nicht zu meinem Vergnügen zu euch gekommen, sondern*

mit dem Entschluss, inmitten des Schlachtgetümmels unter euch zu leben oder zu sterben.

Das Unwahrscheinliche geschieht: Die spanische Invasion kann abgewendet werden. Die englischen Schiffe, zwar zahlenmäßig weit unterlegen, sind kleiner, wendiger, schneller. Sie schaffen es, die schwerfällige spanische Flotte zu zerstreuen, vor allem kommt England ein Unwetter zu Hilfe, das einen Teil der Armada auf dem Nachhauseweg zerstört. Ein himmlisches Zeichen. Das englische Selbst- und Nationalbewusstsein erfährt in diesen Tagen einen gewaltigen Schub. Die Grundlagen für den Aufstieg zur Weltmacht sind gelegt. Elisabeths Regierungszeit geht als das Goldene Zeitalter Englands in die Geschichte ein.

Zuvor, mitten im Konflikt mit Spanien, hat Elisabeth die vielleicht schwerste Entscheidung ihrer Regentschaft getroffen und nach langem Zögern das seit Jahren von ihrer Regierung verlangte Todesurteil Maria Stuarts unterschrieben, der Königin des katholischen Schottland, die in eine Verschwörung gegen sie verwickelt ist. Später bestimmt Elisabeth I. den Sohn von Maria Stuart zu ihrem Nachfolger.

Am 30. November 1601 hält Elisabeth I. ihre letzte Goldene Rede vor dem englischen Parlament, das während ihrer Regierungszeit an Gewicht gewinnt: *Und hat mich Gott auch hoch erhoben, ist das, was ich als Ruhm meiner Krone zähle, dass ich mit eurer Liebe regiert habe.*

Elisabeth hat sich mit Leib und Seele in ihre Aufgabe hineingegeben und einen Platz in der Geschichte und in den Herzen der Menschen erobert.

Die Minerva des Nordens: Christina von Schweden

(8./18. Dezember 1626 bis 19. April 1689 Schweden)

*Ihr Geist ist höchst außerordentlich,
sie hat alles gesehen,
alles gelesen, sie weiß alles.*

Das sagt der berühmte französische Philosoph René Descartes über Christina Wasa, Königin von Schweden. Descartes, brillanter Vordenker der Aufklärung – „Ich denke, also bin ich" – ist der Einladung der eigenwilligen Frauenpersönlichkeit auf dem schwedischen Thron in den hohen Norden gefolgt. Für Christina erweist sich das Philosophieren letztlich als wichtiger als das Regieren. Dennoch – oder deshalb? – ist sie eine erfolgreiche Regentin. Wie ihr Vorbild, die englische Königin Elisabeth I., verweigert sie die Ehe. Sie ist maßgeblich an der Beendigung des 30-jährigen Krieges beteiligt. Sie legt Grundlagen für eine Modernisierung Schwedens. Später verzichtet sie zugunsten ihrer Freiheit auf den Thron.

Als Christina im Dezember 1626 in Stockholm geboren wird, ist der Vater Gustav II. Adolf noch nicht direkt in den seit acht Jahren tobenden 30-jährigen Krieg involviert und kann das Neugeborene selbst in Empfang nehmen. Er soll sehr glücklich gewesen sein: „Ich hoffe dieses Mädchen wird mir ebenso taugen wie ein Junge."

Christina ist noch keine sechs Jahre alt, als Gustav Adolf in der Schlacht von Lützen stirbt. Er gilt als Märtyrer, als Held, der durch seinen Einsatz gegen die Kaiserlichen den Protestantismus in Deutschland gerettet hat. Da Christinas Mutter Maria Eleonora von Brandenburg emotional überfordert ist, wächst das kleine Mädchen am Hof von Gustav Adolfs Schwester auf – ihrer Tante Katharina Wasa und deren Gemahl Johann Kasimir von Pfalz Zweibrücken. Mit dem sechs Jahre älteren Sohn des Hauses, Karl Gustav, verbindet Christina eine tiefe Freundschaft, auf immer, vielleicht ist er sogar ihre große Liebe, von der sie später schreibt, es gäbe sie nur einmal im Leben.

Gustav Adolf hat für seine Tochter eine „männliche Erziehung" verfügt. So lernt Christina, neben allem Üblichen, auch reiten, fechten, jagen. Und wie! Ihr Leben lang bevorzugt sie Männerkleidung, reitet mit offenen Haaren aus, schläft wenig, denkt und schreibt viel und ist für typisch weibliche Angelegenheiten nicht zu haben. Dafür ist Christina eine kluge und unermüdliche Gesprächspartnerin, die sich zeitlebens für die grundlegenden Fragen des Lebens und der Existenz interessiert.

1644 tritt die Kronprinzessin ihre Regentschaft an. Es ist ihr Jugendfreund und Vertrauter Karl Gustav, der ihr hilft sich von der Bevormundung durch den Reichskanzler Axel Oxenstierna zu emanzipieren. Christina hat ihren eigenen Kopf, setzt auf Reformkurs. Vor allem trägt sie mit ihrem Votum entscheidend dazu bei, den 30-jährigen Krieg zu beenden. Als 1648 in Münster der Westfälische Frieden geschlossen wird,

profitiert Schweden durch Gebietszuwachs auf Rügen, in Vorpommern, Bremen, Wismar. Und Christina modernisiert die schwedische Verwaltung. Mit dieser „Semiramis oder Minerva auf dem Thron" wird der Stockholmer Hof zu einem Kunst- und Kulturort mit internationaler Ausstrahlung wie nie zuvor und danach. Die Königin lässt ganze Bibliotheken nach Schweden schaffen, auch wertvolle Kunstgegenstände und Gemäldesammlungen, darunter auch Beutekunst. Sie fördert die Wissenschaften, stattet die Universität Uppsala reichhaltig aus. Gelehrte und Künstler unterstützt sie mit Pensionen. Vor allem aber pflegt Christina selbst den gelehrten Dialog. Ihre hohen Aufwendungen für Kultur und Wissenschaft tragen ihr regelmäßig Kritik ein.

1849 tut sie ihre Absicht kund, ihren Jugendfreund Karl Gustav heiraten zu wollen und erreicht dadurch dessen Ernennung zum Erbprinzen und Thronfolger. Kurz darauf zieht sie ihr Ansinnen zurück. *Es ist mir nicht möglich zu heiraten*, schreibt sie jetzt. *Über meine Gründe schweige ich. Mir steht nicht der Sinn nach einer Ehe. Ich habe Gott innig gebeten, meine Gesinnung zu ändern, aber es ist nicht gelungen.*
Macht sie einen Rückzieher, weil kurz zuvor ein unehelicher Sohn ihres Erwählten auf die Welt gekommen ist? Oder ist es Christina ohnehin nur darum gegangen, den Jugendfreund als Nachfolger zu installieren?
Immer wieder wird der schwedischen Königin nachgesagt, sie habe sich zu Frauen hingezogen gefühlt. Briefe dokumentieren ein äußerst inniges Verhältnis zu ihrer Hofdame Edda Sparre. Dennoch soll Christina auch mit dem Grafen Magnus Gabriel De la Gardie eine Liebschaft gehabt haben und später mit ihrem Vertrauten Kardinal Decio Azzolini in Rom.

Als Christina 1650 feierlich zur schwedischen Königin gekrönt wird, rebelliert ihr freier Geist bereits gegen vielfache Beschränkungen, die ihr das Regierungsamt auferlegt. Schließlich entscheidet sich die schwedische Königin zu einem Schritt, der unter Mächtigen außerordentlich selten ist. Sie verzichtet auf den Thron. Wieder stößt sie alle vor den Kopf.

Im Juni 1654 dankt Christina von Schweden in Uppsala ab. Ihr Jugendfreund wird als Karl X. Gustav ihr Nachfolger. Christina fühlt sich endlich frei, zieht durch Mitteleuropa, Antwerpen, Brüssel, Innsbruck, wo sie ihre Konversion zum Katholizismus in einer Zeremonie mit dem Papst öffentlich macht. Aus Christina wird Maria Alexandra. Ein Schritt, der Befremden, ja Entsetzen auslöst, von der katholischen Seite instrumentalisiert wird. Man hat gemutmaßt, dass die Mystik und der Kosmos weiblicher Heiliger sie fasziniert haben. Die Ex-Königin zieht nach Rom, eine Kulturlandschaft, der sie sich schon immer nahe gefühlt hat. Auch dort bleibt sie sich treu, tritt als Mäzenin auf, trifft Musiker, sammelt Werke des Bildhauers und Architekten Bernini, gründet 1671 das erste Theater Roms, in dem Frauen als Schauspielerinnen auftreten dürfen.

Als sie 1689 stirbt, wird sie als damals die zweite Frau und eine von vier Frauen überhaupt, im Petersdom begraben. Sie steht für die Einsicht, dass es wichtigeres gibt als äußere Macht, nämlich die innere Erkenntnis, Konsequenz und die Macht über sich selbst.

Die erste Dame Europas: „Kaiserin" Maria Theresia, Erzherzogin von Österreich

(13. Mai 1717 bis 29. November 1780 Österreich-Ungarn)

Sie hat ihrem Thron und ihrem Geschlecht Ehre gemacht.

Das sagt ausgerechnet der lebenslängliche Erzfeind Maria Theresias, nämlich Friedrich II. von Preußen, anlässlich ihres Todes. Der Konflikt zwischen Preußen und Österreich-Ungarn durchzieht die Regentschaft Maria Theresias in einem Europa voller Spannungen. Sie führt ein riesiges, machtvolles Reich, das über das Kernland hinaus Ungarn, Böhmen und Gebiete in Norditalien umfasst, ein Vielvölkerstaat, dessen Regierung Fingerspitzengefühl, eine starke Hand und ein großes Herz gleichermaßen erfordert. Als Maria Theresia als älteste Tochter ihrem Vater Kaiser Karl VI. auf dem Thron folgt, ist dies für die Habsburger Dynastie ein Novum, das Unruhe hervorruft und einen Krieg.

Als Maria Theresia Walburga Amalia Christina von Österreich 1717 in Wien als erstes überlebendes Kind von Kaiser Karl VI. und Christine von Braunschweig-Wolfenbüttel geboren wird, hofft die Familie noch auf einen männlichen Thronerben.

Deshalb erhält die Prinzessin zwar eine gute Erziehung und Bildung, auf die Regierung des riesigen Reiches wird sie aber nicht vorbereitet. Neben dem üblichen Unterricht hat sie ihre Freiheiten, kann tanzen und reiten gehen, Theater spielen, singen, Musik machen. Die Kaisertochter tritt mit ihrer schönen Sopranstimme gern in Opernaufführungen auf. Täglicher Besuch der heiligen Messe ist Pflicht. Die wichtigste Bezugsperson der kleinen Maria Theresia ist ihre *Aja* (Amme) Gräfin Maria Karolina Fuchs, Füchsin genannt.

Vier Jahre vor Maria Theresias Geburt, hat ihr Vater Kaiser Karl VI. die Erbfolge zu Gunsten der Möglichkeit einer weiblichen Erbfolge ändern lassen: die Pragmatische Sanktion. Bis dahin war in den Habsburger Erblanden laut alten Salischen Gesetzen keine weibliche Thronfolge vorgesehen. So ist Maria Theresias Heirat schon vor der Regierungsübernahme ein Politikum europäischer Dimension. Eine Verbindung mit dem spanischen Thronfolger Karl scheitert am Veto von Großbritannien und den Niederlanden. Eine alternative Heirat nach Bayern findet nicht das Gefallen der Braut. Letztlich sucht sich die künftige Erzherzogin den Ehegemahl selbst aus: Franz Stephan von Lothringen. Ihn kennt und schätzt sie. Schließlich sind sie gemeinsam am Wiener Hof aufgewachsen. Am 12. Februar 1736 geben sich beide das Ja-Wort. Es wird eine glückliche Ehe auf Augenhöhe, aus der 14 überlebende Nachkommen hervorgehen, u.a. die künftigen Kaiser Joseph II. und Leopold II., der Kölner Kurfürst Maximilian Franz und die französische Königin Marie Antoinette. Maria Theresia nimmt ihre Rolle als Mutter ernst. Sie arbeitet die Stundenpläne für ihre Kinder selbst aus. Dennoch steht bald das politische Tagesgeschäft an erster Stelle. In dieser Hinsicht ist Maria Theresia von heute aus betrachtet eine moderne Frau: Sie ist im Hauptberuf Regentin und Mutter. Mit ihrem Mann praktiziert sie eine ungewöhnliche Arbeitsteilung: Franz Stephan kümmert sich vor allem um die Finanzangelegenheiten, Maria Theresia um die Politik.

Der Anfang ihrer Regierung im Herbst 1740 ist schwer. Erstens muss Maria Theresia wegen des überraschenden Todes ihres Vaters ohne Vorbereitung übernehmen. Zweitens hat sie in den vergangenen drei Jahren drei Kinder geboren, von denen zwei früh gestorben sind und ist erneut schwanger. Drittens ist ihr Erbe trotz Pragmatischer Sanktion nicht gesichert. Im Gegenteil: Die Kurfürsten von Sachsen und Bayern und der König von Spanien verbünden sich gegen sie. Und Friedrich II. von Brandenburg Preußen, ihr stärkster Gegner, marschiert einfach in Schlesien ein. Zunächst wird Maria Theresia im November 1740 im Stephansdom zu Wien zur Erzherzogin von Österreich gekrönt. Im Juni 1741 findet die Erhebung zur ungarischen Königin statt – aufgrund ihrer Schwangerschaft und der Geburt des Thronfolgers verspätet. Als sie in ihrer auf Latein gehaltenen Rede um Hilfe gegen den unverschämten Preußenkönig bittet, reißen die ungarischen Adligen ihre Säbel aus der Scheide und sind bereit, für ihre Königin zu sterben. Ein bewegender und stärkender Moment für die junge Monarchin. Die böhmische Krone muss sich die frischgebackene Regentin bis 1743 erst erkämpfen und davor Prag erobern.

Später sagt Maria Theresia über diese schwere Zeit: *Alle meine Mitarbeiter ließen, statt mir Mut zuzusprechen, diesen gänzlich sinken, taten sogar, als ob die Lage gar nicht verzweifelt wäre. Ich allein war es, die in allen diesen Drangsalen noch am meisten Mut bewahrte, im kindlichen Vertrauen und oftmaligen Gebet Gottes Beistand anrief.*

Trotzdem habe sie *herzhaft agieret, alles hazardieret und alle Kräfte angespannt.* Einzig der Vizekanzler Freiherr von Bartenstein habe ihr beigestanden: *Ohne seiner wäre alles zu Grund gegangen.*

Derweil erreicht die Erzherzogin 1745 die Krönung ihres Gemahls zum Kaiser. Sie selbst verzichtet auf die offizielle Krönung, sie habe bereits genug eigene Königstitel, sagt sie. Offiziell ist sie die Kaisergattin und doch nennen sie alle „die Kaiserin".

1748 hat sich Maria Theresia schließlich allgemein Achtung und Respekt erworben. Im Frieden von Aachen werden ihre Thronansprüche und die Pragmatische Sanktion allgemein anerkannt. Schlesien verliert sie allerdings dauerhaft an Preußen, einige andere Territorien in Norditalien an Spanien. Später, als sie selbst fest im Sattel sitzt, kompensiert sie den Verlust mit der Teilung Polens. Friedrich II. kommentiert: „Sie weinte, aber nahm."

Nach den Maßstäben des aufgeklärten Absolutismus geht die Erzherzogin auch die Innenpolitik an. Zugrunde liegt das Ideal eines guten Herrschers, einer guten Herrscherin, dem sie sich zeitlebens verpflichtet fühlt. Sie versteht sich als Landesmutter, die ihren Untertanen das Leben erleichtern will. Bei ihren Reformen geht sie durchaus pragmatisch vor und lernt auch von Preußen. Das Wichtigste ist zunächst eine Militärreform. Die kaiserliche Armee, die ihr der Vater überlassen hat, muss ein österreichisches Heer werden. Die Theresianische Staatsreform umfasst vor allem eine straffere, effektivere Verwaltung mit professionellen Beamten, die von den Ständen unabhängig ist und ein soziales Bildungsprogramm: 1774 führt Maria

Theresia die Unterrichtspflicht ein und schafft Volks- und Hauptschulen. Insgesamt 500 Schulen werden in ihrer Regierungszeit gegründet. Dabei legt sie Wert darauf, *dass nicht bloß das Gedächtnis gesehen, noch die Jugend mit dem Auswendiglernen über die Notwendigkeit geplagt sondern der Verstand derselben aufgekläret wird.* Sie schränkt die Leibeigenschaft und Fronarbeit ein, die Landesfürsten werden verpflichtet auch soziale Fürsorge für ihre Landeskinder zu übernehmen.

In Schönbrunn lässt sie das Schloss ausbauen – mit eigenem Theater. Ihre Lieblingsresidenz ist als Weltkulturerbestätte heute noch eine der Hauptattraktionen eines Wienbesuchs. Nach dem Tod von Franz Stephan 1765 teilt sie sich die Regierung mit ihrem ältesten Sohn Joseph, dem späteren Reformkaiser. Beide Söhne Maria Theresias sehen die grundlegende Wandlung der Gesellschaft ihres Zeitalters, die in der Französischen Revolution kulminiert. Diesen Umbruch erlebt Maria Theresia jedoch persönlich nicht mehr.

Am 29. November 1780 stirbt „die Kaiserin". Eine unerschrockene, kluge und pragmatische Landesmutter, die ihr Land geprägt hat, eine Symbolfigur des aufgeklärten Absolutismus, der ihre Werte heilig waren und die sie verteidigt hat.

Die Mutter des Vaterlandes:
Zarin Katharina II. die Große

(2. Mai 1729 bis 6./17. November 1796 Russland)

Darf ich Ihnen sagen, ohne zu kühn sein zu wollen, dass ich über alles, was Ihre Regierung bisher ausgezeichnet hat, so gedacht habe wie Sie selbst: die Ansiedlungen, die Künste aller Art, die guten Gesetze, die Duldsamkeit ...

Das schreibt Voltaire am 27. Mai 1769 an Katharina. Der brillante Vordenker der Aufklärung, sieht in seiner Briefpartnerin eine „ebenbürtige Philosophin". Beide pflegen einen intensiven Briefwechsel. Tatsächlich ist es das ernsthafte Ansinnen der russischen Zarin, die Neuordnung ihres gewaltigen Reichs auf den von der Aufklärung propagierten Ideen der Vernunft und des Humanismus aufzubauen. Katharina II., ist aber auch eine Frau mit dem Willen zur Macht, die aus eigenem Entschluss und durch einen Staatsstreich Alleinherrscherin wird. Sie hat die Macht nicht nur ergriffen, sondern regiert 34 Jahre lang mit Leidenschaft. Als man sie „die Große" und „die weiseste Mutter des Vaterlandes" nennt, will sie das für sich zu Lebzeiten nicht in Anspruch nehmen.

In die Wiege gelegt wird der anhaltinischen Prinzessin Sophie Auguste Friederike dieser Werdegang nicht unbedingt.

Geboren am 2. Mai 1729 in Stettin als Tochter von Christian August von Anhalt-Zerbst und dessen Gemahlin Johanna Elisabeth von Holstein-Gottorf wird sie von Preußenkönig Friedrich II. als Heiratskandidatin für den russischen Großfürsten Peter ins Spiel gebracht. Im Januar 1744 reist die junge Frau ostwärts in ein neues Leben. Der Zarenhof ist der reichste und einer der mächtigsten Höfe Europas. Zarin Elisabeth I. Petrowna ist die älteste Tochter Peter des Großen und Tante des Thronfolgers. Am Tag vor der Hochzeit konvertiert Sophie von Anhalt zum russisch-orthodoxen Glauben und erhält zu Ehren von Zarin Elisabeths Mutter den Namen Jekaterina Alexejewna – Katharina. Die junge Großfürstin ist ambitioniert, bereitet sich zielstrebig auf ihre neuen Aufgaben vor. Sie lernt Russisch, weil *ich Russin sein wollte, um von den Russen geliebt zu werden,* besucht jeden Gottesdienst, liest Montesquieu und vor allem Voltaire. Sie lernt das Beziehungs- und Machtgeflecht am Hof zu begreifen und ist stets bestens informiert. Anders als ihr Gemahl schließt sie eine Bindung zu dem riesigen Land, dessen Zarin sie werden will.

Ihre Ehe mit Peter ist hingegen enttäuschend. Der Großfürst erweist sich in seinem Verhalten als wenig respektvoll. Er soll seine junge Frau bereits in der Hochzeitsnacht brüskiert haben. Im Bett spielt er mit Zinnsoldaten. Möglicherweise fühlt er sich seiner kommunikativen, intellektuell und kulturell lebhaft interessierten Ehefrau gegenüber unterlegen. Mit der Zeit verlieren die Ehepartner vollkommen den Bezug zueinander. Außerdem fehlt ein Thronfolger. Nach acht Jahren Ehe beginnt mit dem Grafen Sergej Saltykow ein erfreuliches Kapitel im Liebesleben der jungen Großfürstin. Die Affäre soll von Zarin Elisabeth selbst eingefädelt worden sein. Als Katharinas Schwangerschaft feststeht, wird der junge Mann diskret aus der Umgebung der jungen Thronanwärterin entfernt. Am 1. Oktober 1754 bringt Katharina einen Jungen zur Welt: Pawel Petrowitsch, Paul, der als legitim anerkannt wird. Saltykow ist nur der erste in einer legendären Reihe folgender Favoriten. Katharina hat sich, insbesondere später als Zarin, als Frau ganz offen die Freiheiten genommen, die Männer auf dem Thron selbstverständlich zugestanden werden. Katharina will unabhängig bleiben und dennoch ein erfülltes Liebesleben führen. Sie bringt später noch zwei Kinder zur Welt, ein Mädchen, das früh stirbt, und einen unehelichen Sohn.

Als am 25. Dezember 1761 nach alter russischer Zeitrechnung die alte Zarin stirbt, wird die Situation für Katharina gefährlich. Ihr Ehemann, nun Zar Peter III. genießt es, endlich Macht ausüben zu können. Offen demütigt er seine Gemahlin, man munkelt, er wolle sie beseitigen lassen. Außenpolitisch fällt er Entscheidungen, die im Widerspruch zu den russischen Interessen stehen. Doch Katharina ist nicht ins Zarenreich gekommen, um jetzt Opfer der Umstände zu werden. Sie setzt alles auf eine Karte. Mit ihrem Geliebten Grigorij Orlow und dessen Bruder Alexej bereitet sie „die Proklamation" vor, den Umsturz. Am 28. Juni (9. Juli) 1762 lässt sich Katharina morgens um 6 Uhr abholen und reitet in Uniform zu sämtlichen Garderegimentern. Dort hält sie eine Ansprache und sie trifft einen Ton, der die Männer erreicht. Sie schwören ihr den Treueeid. Noch am selben Tag lässt sich Katharina in der Kasaner Kathedrale von Sankt Petersburg zur Alleinherrscherin Russlands erklären. Der Zar hat seine Abdankungsurkunde unterzeichnet. Wenig später kommt er in Gefangenschaft unter ungeklärten Umständen ums Leben.

Am 22. September des julianischen Kalenders 1762 (heute wäre es der 3. Oktober) wird Katharina II. in der Himmelfahrtskathedrale des Moskauer Kremls zur Zarin von Russland gekrönt. Von Anfang an setzt sie ihren Anspruch, selbst zu regieren, klar durch. Sie lässt sich zwar gern beraten, ist offen für Impulse und Ideen, aber sie unterschreibt nichts, was sie nicht selbst geprüft und für richtig befunden hat: *Ich werde eine Autokratin sein, das ist mein Beruf. Und Gott der Herr möge es mir verzeihen. Das ist sein Beruf.*

Katharina II. glaubt an ihr Land und sein Potenzial. Sie beginnt sofort mit Reformen, setzt Anreize für die wirtschaftliche Entwicklung, holt Zuwanderer in das dünn besiedelte Land. Die Neubürger erhalten von ihr Steuer- und Religionsfreiheit. Die geistigen Grundlagen für ihren Staatsausbau findet sie bei den französischen Aufklärern, Diderot, Rousseau, D'Alembert und vor allem bei Voltaire.

Ab 1764 lässt sie in den Großstädten ihres Reichs Volksschulen und Gymnasien einrichten. Die Zahl der staatlichen Schulen steigt von sechs (1781) bis auf 316 (1796). Der Schulbesuch ist kostenfrei. 22 Prozent der Schüler kommen aus dem Mittelstand, 30 Prozent sind Bauernkinder. Katharina gründet Universitäten, Bibliotheken, Kliniken und Obdachlosenasyle. Und sie öffnet Russland für europäische Kunst und Kultur. Sie kauft die kompletten Bibliotheken Diderots und Voltaires. Ihre Verwaltungsreform ist ein gigantisches Projekt, das riesige Reich regierbar zu machen. Sie schafft einheitliche Verwaltungsstrukturen, bezieht lokale Eliten in die Administration mit ein und etabliert eine einheitliche Rechtsprechung. In ihrer „Großen Instruktion" schreibt sie: *In einem großen Reich, das seine Herrschaft über ebenso viele Völker ausdehnt wie es verschiedene Glaubenslehren unter den Menschen gibt, wäre der unheilvollste Fehler die gegenseitige Unduldsamkeit der verschiedenen religiösen Bekenntnisse.*

Allerdings umfasst ihr Toleranzedikt von 1773 eine Gruppierung nicht: die Juden. Auch ihre Ansätze, die Leibeigenschaft abzuschaffen, kann sie nicht umsetzen. Im Gegenteil, die Situation verschlimmert sich. In ihren nachgelassenen Papieren steht dennoch: *Bei dem Verkauf eines Landgutes an einen neuen Besitzer müssen die Leibeigenen frei erklärt werden. In hundert Jahren wird das ganze oder das meiste Land seinen Eigentümer gewechselt haben – und das Volk ist frei.*

Wie kein russischer Herrscher zuvor erweitert die Zarin den Machtbereich noch. Sie erobert den Zugang zum Schwarzen Meer, annektiert die Krim. Die drei Teilungen Polens finden zugunsten Russlands statt. Sie führt zwei siegreiche Kriege gegen das Osmanische Reich, plant die Eroberung Konstantinopels und Neugründung des Byzantinischen Reichs unter russischer Herrschaft. Mit Preußen und Österreich schließt sie dauerhafte Bündnisse. Die größte innenpolitische Krise, die Moskauer Pestrevolte 1771, übersteht sie mit Hilfe des Militärs und konsequenter hygienischer Maßnahmen.

Zwei Männer haben das Herz Katharinas der Großen nachhaltig erobert und größeren Einfluss auf ihre Politik gehabt: der bereits benannte Grigorij Orlow und Grigorij Alexandrowitsch Potjomkin. Letzterer gilt als ihre große Liebe und setzt die Besiedlung der neu eroberten Gebiete in der südlichen Ukraine und auf der Krim um.

Katharina II. ist eine Herrscherin, die auch in den Geschichtsbüchern angekommen ist als Frau, die die Klaviatur der Macht beherrscht. Sie hat sich leidenschaftlich auf die Kultur und die Seele ihres Landes eingelassen, eine Herrscherin, deren Charisma, Persönlichkeit und Beherztheit bis heute faszinieren.

Die Befreierin des Befreiers:
Manuela Sáenz Aizpuru de Thorne

(27. Dezember 1797 bis 23. November 1856
Großkolumbien, Peru, Venezuela)

... diese sanfte, verrückte Frau ...

Das sagt Simón Bolívar über seine langjährige Gefährtin.

Manuela Sáenz ist eine der wichtigsten Frauen in der Geschichte Lateinamerikas. Sie kämpft für die Freiheit ihres Landes und für die Rechte von Frauen. Ihre Geschichte ist mit der des Revolutionärs Simón Bolívar eng verbunden: Manuela Sáenz kämpft an seiner Seite. Für beide ist es die Liebe ihres Lebens. Manuela ist zugleich Bolívars Vertraute, sein Offizier, kurz: sein ebenbürtiges Gegenüber. Wie er träumt sie den panamerikanischen Traum von den Vereinigten Staaten von Südamerika.

Manuelita wird am 27. Dezember 1797 in Quito geboren. Von Anfang an sprengt ihre Existenz den Rahmen der kolonialen Klassengesellschaft. Manuelas Mutter María Joaquína de Aizpuru, eine angesehene Kreolin, wird wegen ihrer unehelichen Schwangerschaft verstoßen und stirbt früh. Ihr Vater Simón Sáenz de Vergara, ein Hidalgo, ein spanischer Adliger, gehört zu den Kolonialherren. Das Mädchen erhält eine Ausbildung im Konvent Santa Catarína, aus dem sie mit 17 Jahren verwiesen wird. Zur Welt des Vaters fühlt sich Manuela ebenfalls nicht zugehörig. Bevor sie sich politisch engagiert, rebelliert sie persönlich, benimmt sich wie ein Mann, reitet aus und macht mit ihren besten Freundinnen Jonatás und Naas, zwei jungen schwarzen Frauen, die zum Dienstpersonal gehören, Schießübungen.

1817 arrangiert der Vater für sie eine Ehe mit dem wohlhabenden Kaufmann James Thorne. Ab 1819 führt Manuela in Lima einen Salon. Bevor sie Simón Bolívar persönlich begegnet, schlägt ihr Herz bereits für die von ihm angeführte Befreiungsbewegung, die 1819 nach jahrzehntelangem Ringen die riesige spanische Kolonie Neugranada, ein Gebiet, das die heutigen Staaten Venezuela, Kolumbien, Panama und Ecuador umfasst, endgültig von der Krone löst.

1820 beteiligt sich die junge Frau selbst an einer Verschwörung. Für ihre Verdienste während der Revolution wird sie als erste Frau Ritterin des Ordens El Sol de Peru. Gespannt wartet sie am 16. Juni 1822 in Quito darauf, den Helden und Kopf der gesamten Bewegung, Simón Bolívar, leibhaftig zu sehen. Beide sind sofort fasziniert voneinander. Es entsteht eine leidenschaftliche und große Liebe, die das Land, den Kontinent und seine Menschen, die Freiheit und die Bereitschaft, dafür zu kämpfen, mit umfasst. *Amantes y companeros de lucha*, wie es im Spanischen heißt: Liebende und Kampfgefährten. Das sind sie bis zu Bolívars Tod im Jahr 1830.

Als sie sich kennenlernen ist sie 26, er 14 Jahre älter. Manuela trennt sich von ihrem Mann. *Ich weiß nicht wie mir geschieht, aber ich fühle mich befreit von James,* schreibt sie in ihr Tagebuch. Ein gesellschaftlicher Skandal, der von ihren politischen Gegnern instrumentalisiert wird. Sie lässt sich nicht beirren.

Halten Sie mich für weniger ehrenwert, weil er nur mein Liebhaber ist und nicht mein Ehemann? Ah. Ich lebe nicht unter den sozialen Bedenken, die zur gegenseitigen Schikane erfunden sind.

In den nächsten Jahren bis 1826 geht es um die Unabhängigkeit Perus, was damals das heutige Bolivien miteinschließt. Mit Manuela bespricht der Revolutionsführer seine Pläne, sie kümmert sich um die Versorgung der Freiheitskämpfer, um Proviant und das Sanitätswesen. Sie sammelt Informationen, wird Bolivars Meisterspionin, verteilt Flugblätter, verwaltet das Archiv. In der revolutionären Bewegung nimmt sie offiziell einen hohen Offiziersrang ein. In Lateinamerika bezeichnet man sie als Bolivars Gewissen. Immer setzt sie sich für Frauen ein. Als 2400 seiner Männer desertieren wollen, reitet sie mitten in die Formation und schießt um sich. Im Gegensatz zu Bolivar selbst nimmt sie an der entscheidenden Schlacht im südamerikanischen Unabhängigkeitskrieg in Ayacucho teil, nach der die Spanier endgültig kapitulieren. Zum Beweis führt Manuela Sáenz stets einen dort erbeuteten Schnurrbart mit sich, den sie ab und zu anlegt. Mehrfach rettet sie Bolívar das Leben. Am 25. September 1828 planen meuternde Offiziere und Studenten ein Attentat. Als die Attentäter ins Haus einbrechen, stellt sie sich ihnen furchtlos entgegen und lenkt sie ab, währenddessen Bolívar durchs Fenster fliehen und entkommen kann. Sie steckt Schläge ein, wird festgenommen und nach Jamaika abgeschoben. Danach bekommt sie den Ehrentitel: *libertadora del libertador* – Befreierin des Befreiers.

Wenn sie aufgrund der Umstände getrennt sind, schreiben sich beide berührende Briefe: Er unterzeichnet als „die Liebe deines Lebens Simón". Als er müde vom ewigen Kämpfen ist, muntert sie ihn auf: *Mein Herr, vergessen Sie Ihre Alpträume.*

Bis zum Schluss konsultiert er sie in politischen Angelegenheiten. In den letzten Briefen bezeichnet er sie als die einzige Frau, die er je geliebt habe. Doch sie sehen sich vor seinem überraschenden Tod auf seinem Weg ins Exil nicht wieder. Woran Bolivar gestorben ist – Tuberkulose? Eine Arsenvergiftung? – ist bis heute nicht ganz geklärt, doch kann ein Fremdverschulden wohl ausgeschlossen werden.

Manuela versucht sich das Leben zu nehmen. Von den gemeinsamen politischen Gegnern, allen voran Francisco de Paula Santander, wird Manuela danach drangsaliert und ausgewiesen. Da sie auch später keine Aufenthaltsgenehmigung für Ecuador erhält, lebt sie ab 1835 in äußerst bescheidenen Verhältnissen in Peru, in Paíta, einem kleinen Dorf am Meer. Dort verdient sie ihren Lebensunterhalt mit dem Verkauf von Tabak und selbstgemachten Süßigkeiten. Und wenn die Walfänger aus Nordamerika kommen, übersetzt sie deren Liebesbriefe an ihre südamerikanischen Geliebten. Als ihr Noch-Ehemann James Thorne 1847 ermordet wird, schlägt sie sein Erbe aus. Manuela Sáenz stirbt am 23. November 1856 an Diphterie.

Lange Zeit wird die unerschrockene Freiheitskämpferin auch in Lateinamerika nicht als eigenständige Persönlichkeit wahrgenommen. Erst 2010 gewährt ihr die venezolanische Regierung symbolisch einen Ehrenplatz im Pantheon der Nation – neben Simón Bolívar. 1823 hat die große Revolutionärin und Rebellin über sich und Simón geschrieben: *Im Himmel werden wir heiraten. Auf Erden: nein.*

Die Weltenherrscherin:
Victoria, Königin des Empire

(24. Mai 1819 bis 22. Januar 1901
Vereinigtes Königreich)

Ich will mein Bestes geben – I will be good.

Dies schreibt die spätere englische Königin Victoria in ihr Tagebuch, als sie beiläufig erfährt, dass sie in der Thronfolge auf Platz eins steht. Bis dahin hat ihr Umfeld sie darüber im Unklaren gehalten. Das tagebuchschreibende Mädchen wird als mächtigste Frau der Welt in die Geschichtsbücher eingehen. Nach ihr wird ein ganzes Zeitalter benannt. Victoria regiert von 1837 bis 1901, fast 64 Jahre, ein Rekord, den erst Queen Elizabeth II. brechen wird. Zum britischen Empire gehört ab 1876 auch das Kaiserreich Indien.

Es sind keine guten Zeiten für das britische Königshaus, die Victorias Amtszeit vorausgehen. Regierungsunfähigkeit, Verschwendungssucht, zwei Übergangskönige in Folge – es findet sich wenig Glanz auf dem englischen Thron und seit dem frühen Tod der Kronprinzessin im Jahr 1817 fehlt dazu jegliche Aussicht auf einen Thronfolger. In dieser Situation heiraten Edward Augustus, Herzog von Kent und Strathearn und die Prinzessin Victoire von Sachsen-Coburg-Saalfeld, verwitwete Gräfin von Leiningen.

Als ihre Tochter Prinzessin Alexandrina Victoria von Kent am 24. Mai 1819 im Kensington Palast in London geboren wird, steht sie auf Position fünf der Thronfolge. Ab 1830, also mit elf Jahren, ist sie erste Anwärterin auf den britischen Thron. Ihre Kindheit steht unter keinem glücklichen Stern. Der Vater stirbt, als sie acht Monate alt ist. Victorias Leben wird durch das perfide „Kensington System" dominiert. John Conroy, Nachlassverwalter des Vaters und Vertrauter der Mutter, isoliert und kontrolliert die junge Thronanwärterin, nur um seines eigenen Vorteils willen. Victoria wird bis ins Letzte reglementiert, muss im Schlafzimmer der Mutter schlafen, darf sich nur unter Aufsicht mit anderen treffen, nicht einmal ohne Begleitperson eine Treppe hinuntergehen. *Keinen Auslauf für meine starken Gefühle und Zuneigungen, keine Brüder und Schwestern, mit denen ich leben konnte, kein intimes und vertrauensvolles Verhältnis mit meiner Mutter,* schreibt Victoria im Rückblick. Um sie besser manipulieren zu können, wird sie auch in keiner Weise auf ihre Aufgaben als Königin vorbereitet. Der einzige Mensch, der ihr hilfreich zur Seite steht, ist ihr Onkel Leopold, der spätere König von Belgien. Ihn nennt sie den *besten und gütigsten Ratgeber.*

Kurz vor ihrem 18. Geburtstag muss sich Victoria noch einmal vehement gegen das „Kensington System" durchsetzen. Conroy will sie zwingen, ihn zu ihrem königlichen Privatsekretär zu machen. Victoria lernt die Macht ihres „Nein" kennen. Es kommt zum Bruch mit der Mutter. Obwohl Victoria von Conroy als labile Persönlichkeit verleumdet wird, bleibt sie standhaft.

An ihrem 18. Geburtstag erklärt der regierende britische König Wilhelm IV., ihr Onkel, er sei dankbar, diesen Tag zu

erleben, da es ihm gelungen sei, die Regentschaft völlig unge-
eigneter Personen verhindert zu haben. Sechs Wochen später,
am 20. Juni 1837 bereits kommt es zum Wechsel: *Ich wurde
um 6 Uhr von Mama geweckt,* beschreibt Victoria den Moment in ihrem Tagebuch: *Lord Conyngham teilte mir dann
mit, dass mein armer Onkel, der König, um zwölf Minuten
nach zwei aus dem Leben geschieden war und folglich, dass
ich Königin bin – that I am Queen.*
Noch am selben Vormittag hat sie ihre erste Kronratssitzung.
Victoria setzt auf einen Neuanfang, verlässt den Ort ihrer
tristen Kindheit, den Kensington Palast und verlegt ihren
Hofstaat in den Buckingham Palast, der damit erstmals zur
Hauptresidenz der britischen Monarchen wird. Sie entzieht
sich dem dominierenden Einfluss ihrer Mutter und John Con-
roys und quartiert diese in einem Nebenflügel ein. Am 28. Juni
1838 wird Victoria in einer goldenen Staatskutsche zur Westminster Abbey gefahren und zur Queen gekrönt. Fünf Stunden
dauert die feierliche Zeremonie. Von den Menschen wird die
junge Königin mit Jubel und Begeisterung empfangen. Allein
400.000 Menschen sind extra nach London gekommen. *Ich
kann wirklich nicht ausdrücken wie stolz ich mich fühle, die
Königin einer solchen Nation zu sein,* sagt sie. Mit Hilfe wohl-
gesonnener Berater meistert sie trotz ihrer Unerfahrenheit die
ersten Schritte in die Politik. Sie heiratet den Mann ihrer Wahl,
Albert von Sachsen-Coburg und Gotha, obwohl der deutsche
Prinz in der englischen Öffentlichkeit nicht beliebt ist.

Die junge Königin ist allerdings nicht bereit, ihren gerade erst
gewonnenen Gestaltungsfreiraum sofort wieder einzuschrän-
ken. Erst nach der Geburt der Kinder beteiligt sie Prinz Albert
an den Regierungsgeschäften. Fortan wird er ihr Vertrauter,
der Privatsekretär, den Victoria bisher abgelehnt hat. Mit

ihrem Gatten teilt Victoria die Ansicht, der Monarch sei nicht nur zum Repräsentieren da, auch wenn er über den tagespolitischen Ereignissen stehen müsse.

Auch wenn es immer wieder zu temperamentvollen Auseinandersetzungen kommt, ist die Verbindung glücklich. Die Royal Family wird im öffentlichen Bewusstsein zu einer moralischen Größe zu einem Idealbild für das aufstrebende Bürgertum. In sechs Jahren werden fünf Kinder geboren, insgesamt wird Victoria neunfache Mutter. In der Erziehung der Kinder ist Albert der aktivere Part.

Die Regierungszeit Victorias wird die Blütezeit des englischen Bürgertums. Die Wirtschaft boomt, der nationale Wohlstand wächst. England ist eine Weltmacht und gilt als „Werkstatt der Welt". Andererseits verändert die industrielle Revolution die Gesellschaft grundlegend. Die Hungersnot 1845 bis 1848 führt auch auf den Inseln zu revolutionären Ausbrüchen und zur Irlandkrise. Victoria und Albert sind einerseits voller Empathie für die Menschen, andererseits finden sie keine tragfähigen Antworten auf die sozialen Fragen. *Ich bin der Meinung, dass Revolution immer schlecht für ein Land und die Ursache unsäglichen Elends für das Volk ist*, ist Victorias feste Überzeugung.

Als Albert 1861 stirbt, trauert sie zutiefst und wird mit ihrer schwarzen Witwentracht zum Symbol des Empire. In den letzten Regierungsjahren nutzt Victoria ihre große Popularität. Sie setzt ihr „Nein" mehrfach gegen Regierung und Parlament ein, indem sie mit ihrer Abdankung droht. Zu ihrem Goldenen und Diamantenen Thronjubiläum 1887 und 1897 kommen zahlreiche gekrönte Oberhäupter und Repräsentanten aus der ganzen Welt. Ihre Kinder, die alle den Namen Albert oder Victoria tragen, verheiratet sie in ganz Europa und wird deshalb auch „Großmutter Europas" genannt. Sowohl Queen Elizabeth II. als auch ihr Mann Prinz Philipp sind Ururenkel Victorias. Ebenso gehen die Königshäuser Spanien, Norwegen, Schweden, Dänemark auf sie zurück, wie die nicht mehr regierenden Dynastien in Griechenland, Rumänien, Serbien, Russland, Preußen (Deutschland), Sachsen-Coburg-Gotha, Hannover, Hessen, Baden und Frankreich.

Als Queen Victoria am 22. Januar 1901 auf der Isle of Wight im Beisein ihres Lieblingsenkels Kaiser Wilhelm II. stirbt, geht mit ihr ein Zeitalter zu Ende. Sie hat die Voraussetzungen für den Stellenwert und die Beliebtheit geschaffen, die das englische Königshaus heute noch auszeichnen.

Die Menschenfreundin:
Königin Liliʻuokalani

(2. September 1838 bis 11. November 1917 Hawaii)

Ich konnte die Zeit der politischen Wende nicht zurückdrehen, aber es ist noch Zeit unser Erbe zu retten. Du musst dich immer erinnern, niemals aufzuhören zu handeln, nur weil du fürchtest, du könntest scheitern.

Dies schreibt die erste und letzte Königin Hawaiis Liliʻuokalani. Sie hat in schwierigen Zeiten, den Ausgleich zwischen ihrer und der westlich geprägten Kultur gesucht. Als sie – völkerrechtswidrig – gestürzt wird, entscheidet sie sich gegen den Kampf mit Waffengewalt, weil sie kein Menschenleben gefährden will. Dem ihr und ihrem Land widerfahrenen Unrecht setzt sie ihre Lieder und die Kultur ihres Landes entgegen und eine Standhaftigkeit, die Respekt verdient. So wird sie zur Symbolfigur für das Recht auf Selbstbestimmung der indigenen hawaiianischen Bevölkerung, heute mehr denn je.

Geboren ist sie als Liliʻu Loloku Walania Kamakaʻeha, kurz: Liliʻu Kamakaʻeha in Honolulu, Hawaii. Ihr christlicher Name ist Lydia Paki. Ihre Eltern Kapaakea und Keohokalole stammen beide aus der hawaiianischen Oberschicht. In der alten

Tradition der Inseln sind es oft die Frauen, die die Clans anführen. Seit 1810 existiert das Königreich Hawaii, das offiziell von den USA, Großbritannien, Frankreich und anderen europäischen Staaten anerkannt ist. Gemäß einer alten Tradition ihrer Kultur wächst Liliʻu Kamakaʻeha nicht bei den leiblichen Eltern, sondern in einer befreundeten Familie auf, während ihre Eltern „fremden" Kindern ein Zuhause bieten. Diese Praxis stärkt die Beziehungen der Familien untereinander.

Liliʻu Kamakaʻeha kommt auf die von Missionaren geführte königliche Schule: *Ich war ein lernfreudiges Mädchen und mir Wissen anzueignen, war für mich eine Leidenschaft, die mich mein Leben lang begleitet hat und bis zum heutigen Tag ihren Zauber nicht verloren hat.* Danach lebt sie am königlichen Hof, sie ist ausersehen, den Thronfolger Lunalilo zu heiraten, entscheidet sich jedoch für die Ehe mit einem kroatischstämmigen Kapitänssohn aus Boston, John Owen Dominis, die sie später als nicht besonders glücklich bezeichnet.

Als ihr Bruder auf den hawaiianischen Thron gewählt wird und kinderlos bleibt, wird sie 1877 zu dessen Nachfolgerin bestimmt. Liliʻuokalani ist nun ihr offizieller Thronname. Bereits als Thronfolgerin setzt sie Zeichen und macht eine Tour über alle Inseln, um die Menschen zu treffen, so dass alle, reich und arm, Farmer und Fischer, die Gelegenheit bekommen, mit derjenigen bekannt zu werden, die eines Tages die Regierung ausübt. Sie fördert die schulische Ausbildung von Frauen und Mädchen, gründet Schulen. 1887 ist sie zum Kronjubiläum der englischen Königin Victoria eingeladen. Für Liliʻuokalani, die viele Menschen ihres Landes persönlich kennt, ist der Gedanke befremdlich, dass viele Engländer, ihre Queen noch nie gesehen haben, obgleich sie in London aufgewachsen sind.

Mit Queen Victoria spricht sie über Bildung und Schulen auf Hawaii. Drei Jahre später, am 29. Januar 1891 wird Liliʻuokalani selbst Königin. Sie nimmt die ihr übertragene Verantwortung für ihr Land von Anfang an ernst. Unerschrocken macht sie sich daran, die mit der „Bajonett-Verfassung" 1887 erzwungene politische Benachteiligung der indigenen Bevölkerung Hawaiis aufzuheben und strebt deshalb 1893 eine Verfassungsreform an. Ihr Ziel ist es, die festgeschriebenen Privilegien der weißen Oberschicht einzudämmen und die Rechte der ursprünglichen Hawaiianer zu stärken. Liliʻuokalanis Gegner, in der Mehrheit US-amerikanische Großgrundbesitzer, nehmen ihren Vorstoß zum Anlass, gegen sie persönlich und gegen das Königtum an sich vorzugehen. Sie gründen eine Interessensgemeinschaft zur Abschaffung der Monarchie auf Hawaii. Maßgebliche Anführer des Umsturzes sind die beiden US-Amerikaner John Stevenson und Sanford Dole, selbst Spross einer US-amerikanischen Plantagenbesitzerdynastie.

1894 wird die Republik Hawaii ausgerufen, deren Präsident Sanford Dole wird. Die Machtübernahme stößt bei den Einheimischen auf Widerstand, weil ihre Kultur und Sprache noch stärker unterdrückt und verdrängt werden als bereits zuvor. 1895 kommt es zu einer Rebellion der einheimischen Bevölkerung, deren Ziel es ist, Liliʻuokalani wieder als Königin einzusetzen. Diesmal wird sie wegen Hochverrats verurteilt. 1895 dankt sie formell ab: *Um Blutvergießen meines Volkes zu verhindern, Ureinwohner wie Fremde, widersetzte ich mich einer bewaffneten Einmischung und unterzog mich dem Schiedsspruch der Regierung der USA über meine Rechte und die des Hawaiianischen Volkes. Seitdem, was wohl bekannt ist, verfolge ich den Pfad des Friedens.*

Allerdings bedeutet das keineswegs, dass die Königin den unrechtmäßigen Sturz der Monarchie auf Hawaii akzeptiert. *Ich erkläre diesen Vertrag als ein Unrecht gegenüber den Ureinwohnern von Hawaii und eine Verletzung von internationalen Rechten und letztlich als einen Akt grober Ungerechtigkeit mir gegenüber.* Lili'uokalani versteht sich ein Leben lang als rechtmäßige Königin Hawaiis.

Der US-amerikanische Präsident Cleveland, den Lili'uokalani besucht, gibt 1898 zu: „Unser Eingreifen in die Revolution auf Hawaii 1893 war schändlich für unsere nationale Ehre und unseren guten Namen." Doch im Spanisch-Amerikanischen Krieg unterzeichnet sein Nachfolger aus strategischen Gründen die endgültige Annexion Hawaiis. 1959 wird Hawaii der 50. US-Bundesstaat. Erst 1993 entschuldigt sich auf Betreiben von Präsident Bill Clinton der Kongress der Vereinigten Staaten offiziell für dieses dunkle Kapitel US-amerikanischer Imperialpolitik.

Ein Leben lang glaubt Lili'uokalani an die Kraft ihrer Kultur. Sie komponiert selbst mehr als 200 Lieder. Das bekannte „Aloha Oe", das Elvis Presley in den 1960er Jahren im Film „Blue Hawaii" berühmt macht, ist bereits einige Jahre vor ihrem Sturz entstanden. *Die Menschen auf Hawaii waren schon seit urdenklichen Zeiten unvergessliche Liebhaber von Dichtung und Musik und waren fähig, historische Gedichte, Liebeslieder, Ehrengesänge zu improvisieren,* schreibt sie später.

Lili'uokalanis Lebenslauf ist Ausgangsstoff für die Operette „Die Blume von Hawaii" von Paul Abraham. Sie hat ihre Geschichte und die ihrer Kultur auch selbst aufgeschrieben. Diese Königin ist ihren eigenen Werten, ihrer Würde und inneren Wahrheit auch auf aussichtslosem Posten treu geblieben und ist deshalb in der Erinnerung der Menschen bis heute lebendig.

Bildlegenden und -nachweis